독서와 공학의 만남!

# 노벨 엔지니어링

# 차례

## 시작해요
### 노벨 엔지니어링

01     이 책에 대하여        • **01**

02     Novel Engineering(노벨 엔지니어링)    • **05**
         - 교수 홍기천

### 노벨 엔지니어링
## 돕고 싶은 소중한 마음

01     인간이 만든 동물의 길      - 교사 이우진   • **27**
         - 인간과 동물의 공존, 생태통로

02     노란 리본                - 교사 강방용   • **43**
         - 인성교육, 드론을 활용한 생명 구호 활동

03     배추흰나비             - 교사 강방용   • **57**
         - 생명 존중 교육

04     썰매 타는 암소 무        - 교사 유준희   • **71**
         - 발명, 메이커교육

### 노벨 엔지니어링
## 함께 행복한 좋은 세상 만들기

01    그레구아르는 눈으로 말해요    - 교사 조영상   •   **91**
       - 장애 이해 교육

02    리디아의 정원    - 교사 조영상   •   **101**
       - 진로 교육

03    우물 파는 아이들    - 교사 조민석   •   **116**
       - 적정기술

### 노벨 엔지니어링
## 내 손으로 만드는 멋진 세상

01    The Little Red Hen    - 교사 조민수   •   **135**
       - 메이커, 로봇 교육

02    아기돼지 삼형제    - 교사 엄태건   •   **149**
       - 가상현실, 마인크래프트

03    눈 오는 날    - 교사 조민석   •   **166**
       - 발명, 메이커교육

# 이 책에 대하여

**교수 홍기천**

나는 전주교육대학교에서 10년 넘게 학부생과 대학원생을 대상으로 로봇활용교육에 대해서 수업을 진행해왔다. 이 수업의 한 학기 과제는 '로봇을 초등학교 교과에 활용할 수 있는 아이디어'이다. 그런데 학생들이 제출한 과제는 대부분 수학, 과학에 몰려있었다. 나는 '왜 비싼 교육용 로봇을 수학, 과학에만 활용할까? 국어, 영어, 사회, 역사, 도덕, 예체능, 인성교육, 진로교육 등에 활용할 수 있는 방법이 없을까?' 라는 고민을 하게 되었다.

이러한 고민이 해결되지 않은 채, 나는 로봇활용교육의 선도 대학인 미국 메사추세츠주 보스턴에 위치한 텁스대학교(Tufts Univ.)의 CEEO 센터에 2015년 1년 동안 해외 파견으로 지냈다. 여기에서 나는 오랫동안 해묵은 나의 고민을 해결할 수 있는 해답을 얻었다. 바로 노벨 엔지니어링(Novel Engineering)이다.

우리나라에서 노벨 엔지니어링은 아직 연구되지 않은 매우 생소한 분야이다. 그래서 해외 파견 복귀 후, 나는 전라북도에 근무하는 초등학교 현직 교사들과 노벨 엔지니어링 연구회(Novel Engineering Korea)를 조직하여 우리나라 최초로 연구를 시작하게 되었다. 현재까지 우리 연구회에서는 최근 3년동안 15편이 넘는 노벨 엔지니어링 관련 논문을 학회에 정식으로 발표하였다. 논문보다 더 중요한 것은 교사들의 반응이었다. 전국의 교사들과 교육청 관계자들도 노벨 엔지니어링에 대한 관심이 매우 높았다.

시간이 지나면 지날수록 노벨 엔지니어링이 우리나라 미래교육을 위한 창의적이고 혁신적인 융합수업모형이 될 수 있을 거라는 확신을 갖게 되었다. 우리는 미래교육을 갈망하는 많은 교사들을 위해서 이제까지 수집된 실제 수업 사례를 완전히 새롭게 재구성하여 책을 세상에 내놓게 되었다. 이 책이 교사가 노벨 엔지니어링이 무엇이고, 왜 창의적인 융합수업모형인지를 알 수 있는 개론서가 될 수 있으리라 생각된다. 우리는 이 책을 쓰면서 아직 많은 점이 부족함을 느꼈으며, 더 깊은 연구에 대한 책임감을 느꼈다.

아이들의 창의성과 문제 해결력 향상을 위해서 노벨 엔지니어링 수업 연구에 오랫동안 노력해주신 노벨 엔지니어링 연구회의 많은 선생님들과 이 책의 감수자이며 나에게 비고츠키를 만나게 해준 국어교육과 이창근 교수님께 감사의 마음을 전합니다. 이분들 덕분에 제가 성장할 수 있었습니다.

지나서 생각해 보니, 이분들이 바로 저의 스승이었습니다.

> 교사 **조영상**

　이제 현실의 문제는 한 분야의 지식으로 해결하기는 너무 어려운 일이 되었다. 학생 스스로 상황에서 문제를 찾고 자원을 모으고 필요한 사람에게 도움을 청하여 하나의 팀을 만들어 문제를 해결해 나가는 과정, 또 그 안에서 토의와 협력을 통해 개선해 나가는 경험이 꼭 필요하다고 생각한다. 다양한 상황과 등장인물에게 몰입할 수 있는 독서 본연의 힘과 세상을 편리하고 더 발전된 방향으로 나아가게 하는 엔지니어링의 선한 영향력을 결합시킨다면 우리가 원하는 창의융합형 인재를 기를 수 있는 좋은 방법이 되지 않을까? 창의융합형 미래인재를 기르는데 고민하는 선생님들께 노벨 엔지니어링(Novel Engineering)을 추천해본다.

> 교사 **유준희**

　노벨 엔지니어링은 기존 수업방식에 지루해하는 학생들과 그 모습을 보며 늘 고민하는 선생님을 위한 좋은 수업 방안이다. 독서와 소통, 노작과 소프트웨어 교육을 수업에 녹이고 싶은 선생님들이 시도해 보면 큰 만족을 느낄 수 있을 것이다. 학생들의 문학적 사고력과 문제 해결력, 창의력을 키워줄 노벨 엔지니어링의 세계로 선생님들을 초대한다.

> 교사 **조민수**

　동화라는 이야기 속에 아이들이 꿈꾸는 IT기술이라는 색깔을 덧입힌다면 어떻게 될까? 노벨 엔지니어링은 인문학적 스펙트럼을 IT기술의 역영까지 넓힌 하나의 수업 문화라고 생각한다. 노벨 엔지니어링은 인문학적 상상력과 과학기술의 창의력을 바탕으로 새로운 가치를 창출할 수 있는 창의융합형 인재 양성을 위한 수업 대안 중에 하나이다. 동화 속에 등장인물들이 겪는 사건을 아이들의 눈으로 바라보고 IT기술이라는 열쇠로 문제를 해결해보는 경험은 쉽지 않을 수 있다. 하지만 이 과정을 통해 아이들은 세상을 바라보는 안목, 인간을 이해하는 능력을 키울 수 있을 것이다.

## 이 책에 대하여

**교사 이우진**

 책을 읽으며 책 속에 있는 가치를 학생들과 함께 나누고 싶었다. 그리고 노벨 엔지니어링 과정을 통해 책 속의 가치를 바탕으로 해결책도 생각해보고, 친구들과 생각도 나누고, 조작하고 만드는 창의융합적 경험이 되길 바랐습니다. 바른 인성을 가지고 인문학적 상상력을 높일 수 있는 것이 독서교육일 것이며, 4차 산업혁명에서 과학 기술 창조력으로 새로운 기술을 창조하는 데는 소프트웨어교육이 의무가 되었습니다. 이 두 가지 교육을 다양한 지식을 융합하여 새로운 가치를 창출할 수있도록 만들 수 있는 수업이 노벨 엔지니어링이라고 생각한다. 2015 개정 교육과정에서 '창의융합형 인재'를 기르는데 고민이 있는 선생님들께서 이 책을 읽고 새로운 방향을 설정하시는 데 도움이 되었으면 좋겠다.

**교사 조민석**

 2015 개정 교육과정에서 추구하는 인재상으로 '바른 인성을 갖춘 창의융합형 인재'를 제시하였다. '창의융합형 인재'란 인문학적 상상력으로 새로운 기술을 창조하고, 다양한 지식을 융합하여 새로운 가치를 창출할 수 있는 사람을 의미한다. 학생들은 다양한 직접적인 경험을 하기 어렵기 때문에 '독서'로 책을 읽는 간접 경험을 통해, 서로 질문 하고 함께 생각을 나누고 표현하며 문제 해결력, 창의력, 의사소통 능력 등을 함양할 수 있다. 노벨 엔지니어링을 활용한 수업은 협업을 통해 문제를 해결하고 글을 쓰는 일련의 과정으로 '창의융합형 인재'를 기르는 데 훌륭한 수업이라고 생각한다. 더불어 글쓰기 과정을 통해 학생들의 배움이 글에 녹아있는 것을 평가할 수 있고 학생들은 그 배움의 경험을 이야기에 적용하며 삶과 연관되어 있음을 느낀다. 2015 개정 교육과정에서 '창의융합형 인재'를 기르는데 고민이 있는 선생님들께서 이 책을 읽고 새로운 방향을 설정하시는 데 도움이 되었으면 좋겠다.

**교사 강방용**

　아이의 창의력과 문제해결력을 신장하기 위해 오래전부터 다양한 교육 방법 중 대표적인 것이 독서교육이다. 그 동안 독후 활동으로 독서기록장, 토의·토론, 그림그리기, 편지쓰기 등의 다양한 방법들이 사용되었다. 교육은 사회 시대와 문명에 맞게 변화한 것처럼 독서교육 또한 시대에 알맞은 방법이 고안되어야 할 것이다. 노벨 엔지니어링은 4차산업혁명시대를 살아가는 아이들에게 적절한 독서지도 방법 중 하나이다. 책 속에서 문제를 찾고 그 문제를 해결하기 위한 다양한 방법을 생각하여 그것을 공학적 방법으로 구현하는 과정을 통해 아이들의 창의력과 문제해결력 신장과 함께 자기주도적 학습능력도 기르게 된다.

**교사 엄태건**

　이번 프로젝트를 통해 노벨 엔지니어링과 게임의 장점을 모두 가진 수업을 해 보고 싶었다. 노벨 엔지니어링의 장점은 책을 읽고 프로젝트형식으로 수업을 하기 쉽다는 것이다. 즉 한번 학생들과 교사가 수업방법을 익혀두면 이야기가 바뀌더라도 그대로 적용할 수 있다. 그 과정에서 학생 중심의 활동적인 독서교육을 가능하게 하며 창의적이고 다양한 사고를 유도할 수 있다는 것도 매력적이다. 게임의 장점은 학생들이 재미있게 수업에 참여할 수 있다는 것이다. 굳이 교사가 유도하지 않더라도 학생들은 그 순간을 즐기며 푹 빠지는 몰입을 경험 할 수 있다. 두 마리 토끼를 다 잡는 것은 욕심일 수도 있겠다고 생각했는데 기대 이상의 성과를 보여주어 만족스럽다.

# 노벨 엔지니어링(Novel Engineering)

## 가. 노벨 엔지니어링이란?

미국 메사추세츠주 보스턴에 위치한 텁스 대학교(Tufts Univ.)의 CEEO(Center for Engineering Education and Outreach)에서는 매년 방학 동안에 초·중·고등학생들을 대상으로 로봇활용교육 워크숍이 1주일 단위로 계속 진행된다[1]. 이 워크숍은 모두 수익자 부담으로 진행되지만 항상 정해진 인원수를 모두 채울 정도로 인기가 많다. 이 워크숍은 학생들과 교사들을 위한 프로그램이 각각 진행된다 [1].

여름방학 동안에 10개가 넘는 프로그램들이 차례로 진행된다. LEGO® MINDSTORMS® Education WeDo™ EV3, 교육용 로봇, 기타 피지컬 교구를 이용하는 프로그램도 있지만, 재활용품 또는 그 이외의 재료만을 이용한 프로그램도 진행된다. 현재는 3D 프린터, 레이저 커터 등과 같은 최신기술 교구를 사용하여 창작물을 만드는 프로그램도 운영하고 있다 [1].

[그림 1.1] 2019년 하계 CEEO 워크숍 플라이어

[그림 1.2] 초·중·고등학생을 위한 로봇활용교육 워크숍

[그림 1.3] 학생과 교사를 위한 노벨 엔지니어링 워크숍 웹사이트

 이 워크숍이 추구하는 목표는 단순히 로봇 또는 최신 교구를 사용하는 것이 아니라, 공학적으로 무언가를 만드는 과정을 통하여 아이들의 생각하는 힘을 기르는 것이다. 사고력은 창의성, 문제 해결력의 원동력이기 때문이다.

 그 중 낯설지만 눈에 띄는 프로그램이 바로 노벨 엔지니어링(Novel Engineering)이다[4]. CEEO에서는 오래전부터 이것을 연구해서 그 효과를 입증해왔다[2]. 미국의 많은 대학에서 융합교육의 한방법으로서 자리 잡고 있으며 확산되고 있는 추세이다[3]. 아직 미비하지만 우리나라에서도 이제 막 연구가 시작되었다[5-17].

 노벨 엔지니어링은 우리에게 매우 생소한 단어이다. 소설을 의미하는 'Novel'과 공학을 의미하는 'Engineering' 두 단어의 합성어이다. 즉, 노벨 엔지니어링은 독서와 공학이 융합된 수업모형이다. 독서와 같이 매우 정적인 영역과 공학과 같이 매우 동적인 영역이 잘 어울릴 것 같지 않지만, 두영역의 융합은 매우 획기적인 융합수업방법으로 평가받고 있다[4].

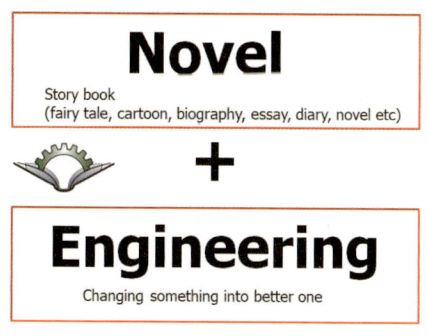

[그림 1.4] 노벨 엔지니어링

 Novel은 동화책, 만화책, 위인전, 수필, 일기, 소설 등 모든 문학 작품을 포함한다. Novel이라고 해서 내용이 복잡하거나 분량이 많은 작품이어야 하는 것은 아니다. 초등학교 아이들이 많이 읽었던 짧은 동화책도 충분히 가능하다. CEEO는 공식 웹사이트를 통해서 노벨 엔지니어링을 위한 도서와 그 책의 줄거리, 학생들이 도출한 문제와 해결책, 수업에 필요한 재료 등의 정보를 공개하고 있다[4].

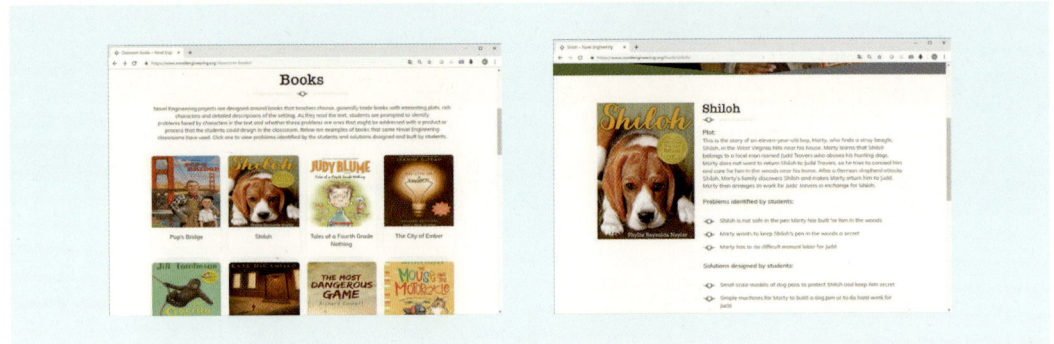

[그림 1.5] 노벨 엔지니어링을 위한 CEEO의 도서 예

대부분의 사람들은 공학(Engineering)을 매우 어렵게 생각하는 경향이 있다. 물론 공학을 학문으로 접근한다면 매우 어려운 일이다. 공학을 간단히 표현하면 'changing something into better one'이다. 번역하면, 현재의 어떤 것을 좀 더 편리하고 유용하게 변화시키는 것을 의미한다. 결국 공학은 사람들의 요구사항에 공감(sympathy)하면서 궁극적으로 사람을 행복하게 만드는 영역이라고 할 수 있다.

노벨 엔지니어링을 간단히 말하면,

> 노벨 엔지니어링은
>
> 학생들이 책을 읽고 등장인물이 처한 문제점을 찾아내어 공학적 구조물을 창작하여 문제를 해결한다. 그 후 등장인물이 그 공학적 구조물을 활용하였을 때, 이야기가 어떻게 변할지를 학생들이 글로 써보도록 하는 수업모형이다.

## 나. 노벨 엔지니어링 단계

현재 공식 웹사이트에서는 노벨 엔지니어링의 단계를 '① 책을 읽고 문제 인식하기 ② 문제에 대한 해결책 제시하기 ③ 해결책 설계하기'로 표현하고 있다[4]. 그러나 이것은 너무 간략하게 제시되어 있어서 노벨 엔지니어링이 무엇인지를 전혀 감을 잡을 수 없다. 아마도 공식 웹사이트가 최근에 리뉴얼 되면서 설명이 많이 생략된 것 같다.

이전 웹사이트에서 노벨 엔지니어링 단계는 [그림 1.6]과 같이 '① 책 읽기 ② 문제 인식 하기 ③해결책 설계하기 ④ 창작물 만들기 ⑤ 발표하기 ⑥ 피드백 ⑦ 해결책 업그레이드 ⑧ 이야기 재구성'과 같이 8단계로 구성된다[26].

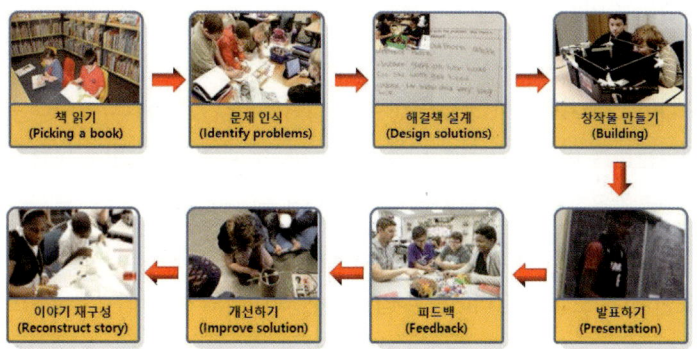

[그림 1.6] 노벨 엔지니어링 8 단계

노벨 엔지니어링의 각 단계를 자세히 알아보자.

- 책 읽기 (Picking a book)

    책 읽기 단계에서는 교사가 학생들에게 책을 읽어주어도 되고, 학생들이 모둠별로 읽어도 된다. 교사는 아이들이 등장인물이 처한 문제점을 잘 찾을 수 있도록 도와줘야 한다. 그래서 교사는 학생들이 문제를 쉽게 도출할 수 있도록 적절한 질문과 답변을 활용하는 것도 좋다(하브루타). 이미 초·중·고등학교 도서관에 학년별 권장도서가 비치되어 있다. 교사는 학교 도서관에서 책을 고를 때, 학생들의 학년, 수준, 수업에 적합성, 문제 찾기의 용이성을 고려하여 선택한다. 내용이 긴 소설이라면 책의 일부만을 발췌하여 사용해도 된다.

- 문제 인식하기(Identify problems)

    이 단계는 학생들이 브레인스토밍을 통하여 등장인물이 처해있는 문제들을 찾아내는 단계이다. 학생은 등장인물의 입장이 되어 문제를 찾는다. 분명히 학생들은 여러 가지 문제들을 이야기할 것이다. 이때 교사는 학생들이 찾은 문제들을 학습지에 기록하도록 한다. 학생들은 여러 가지 문제들 중 실현가능한 문제를 선택한다. 가끔 학생들은 현재의 교실 환경(재료 부족, 역량 부족 등)의 현실적 장애로 인하여 '해결하고 싶은 문제'와 '해결 가능한 문제' 사이에서 딜레마를 겪는 경우가 있다. 아이들의 의지가 꺾이지 않도록 교사의 조언과 격려가 필요하다.

- 해결책 설계하기(Design solutions)

    이 단계에서는 앞 단계에서 결정된 문제에 대한 해결책을 설계한다. 교사는 소수의 학생이 토론 분위기를 해치는 행동을 하지 못하도록 토론 규칙을 미리 지도해야 한다. 학생들은 학습지에 무엇을 만들지 또는 어떤 재료가 필요한 지를 모두 기록한다.

- 창작물 만들기(Building)

    이 단계에서 학생들은 여러 가지 교구와 재료를 사용하여 해결책을 직접 만들어본다. 이때 소프트웨어교육, ICT교육, STEM/STEAM교육, 발명교육, 메이커교육 등의 수업이 진행될 수 있다. 그러나 반드시 이러한 수업이 진행되어야하는 것은 아니다. 빈병, 페트병, 빈 박스, 플라스틱 등과 같은 가정에서 내버리는 재활용품을 미리 준비하여 만들어도 된다. 학교에 3D 프린터, 교육용 로봇 등의 교구가 있으면 적극적으로 활용하도록 한다. 자칫 교사와 학생들이 교구나 재료의 부재로 인하여 수업 의지가 꺾이는 일이 생겨서는 안 된다. 즉, 교구나 재료의 유무가 수업의 방향과 질을 결정해서는 안 된다는 것이다. 중요한 것은 노벨 엔지니어링 수업을 통한 아이들의 생각하는 힘을 기르는 것이기 때문이다. 그러나 교구나 재료가 풍부하면 수업의 질이 높아질 가능성이 크다는 것은 사실이다.

- 발표 및 피드백(Presentation and Feedback)

    학생은 모둠별 창작물을 다른 동료들에게 발표하는 기회를 가진다. 말하기도 사고력 향상을 위한 도구이기 때문이다. 발표자는 동료의 피드백 내용을 학습지에 잘 기록하여 다음 단계에서 이용할 수 있도록 한다. 교사는 발표자를 공격하는 발언을 하지 못하도록 미리 지도한다.

- 해결책 업그레이드(Improve solutions)

    이 단계에서는 피드백 내용과 제안사항을 충분히 반영하여 좀 더 나은 해결책이 되도록 변형하고 향상시킨다. 이 단계는 창작물 향상을 포함하여 노벨 엔지니어링의 모든 단계에 대해서 다시 생각해볼 수 있는 것도 포함한다.

- 이야기 재구성(Reconstruct stories)

    이 단계는 책의 등장인물이 우리가 만든 창작물을 사용해서 문제를 해결하였을 때, 이야기가 어떻게 변했을까를 글로 써보는 단계이다. 만약 아이들이 글쓰기를 어려워하면 칠판 또는 큰 종이에 그림을 그리고 말풍선을 달아서 표현하는 방법도 좋다.

위 단계에서 보듯이, 노벨 엔지니어링은 프로젝트 기반 학습(PBL)이면서 동시에 문제 중심 학습(Problem based Learning)이다. 학생들 스스로 책에서 문제를 찾고 해결하는 학습 과정이다. 또한 정답이 없는 Open-ended 프로젝트 수업이다. 그래서 학생들이 도출해내는 문제와 결과물이 매우 다양하기 때문에 결과 중심보다는 과정 중심 평가가 적절하다. 이는 2015개정 교육과정에서 강조하고 있는 '온작품 읽기', '과정 중심 평가'와 정확하게 맞아 떨어진다[18].

## 다. 왜 노벨 엔지니어링이 필요한가?

1) 문제 해결력과 노벨 엔지니어링

 변화하는 시대에 발맞추어 우리나라에서는 소프트웨어교육, STEM/STEAM교육, ICT교육, 발명교육, 메이커교육, 인문학교육 등의 교육 패러다임들이 창의성, 논리적 사고력, 비판적 사고력, 문제해결력 등을 목표로 진행되고 있다. 중요한 것은 '이러한 패러다임들이 목표들을 제대로 달성했는가?'이다. 이런 본질적 질문들은 자신을 반성하는 좋은 방법이다. 독자 스스로 이 질문에 5점 척도로 점수를 매긴다면 어느 정도일지를 생각해보기 바란다. 독자에 따라서 다르겠지만, 나는 중간 이하라고 생각된다.

 이제까지 많은 연구자들은 이러한 패러다임의 효과성을 입증해왔다. 그럼에도 불구하고 왜 우리의 교육 현장은 달라지는 게 없을까? 여러 가지 요인이 있지만, 그 중에서도 큰 요인은 바로 '한 가지 패러다임으로 교육 목표 달성 노력'이다. 즉, 서로 다른 패러다임간의 융합이 적었던 것이다. 설사 융합 노력이 있다고 하더라도 연구로만 끝나거나, 교사가 수업에 적용할 수 있는 제대로 된 융합수업모형이 없기 때문이다.

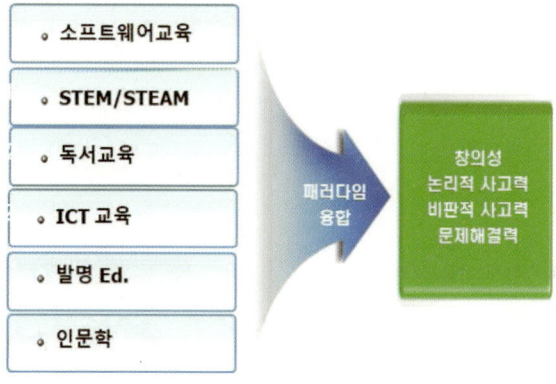

[그림 1.7] 패러다임간 융합

노벨 엔지니어링 공식 웹사이트에서 밝힌 노벨 엔지니어링의 장점은 다음과 같다[4].

- Works within Language Art Curriculum
  이미 운영하던 언어교육 수업에서 진행 가능하다.

- Engage All Learners
  일반학생 또는 독서에 흥미를 느끼지 못하는 학생들도 모두 참여할 수 있다.

- Introduces Realistic Engineering Problems
  책에서 문제를 찾는 것은 학생들이 공학자의 입장에서 문제를 바라보는 시야를 갖게 한다.

- Enhances Reading Comprehension
  문제를 찾고 해결책을 마련하기 위해서 학생들은 책을 심도있게 읽고 이해해야 하기 때문에 독해력을 향상시키는 좋은 방법이다.

- Provides Integration of Different Disciplines
  독서를 통하여 공학적인 문제를 해결하는 것은 여러 가지 서로 다른 교과를 융합하는 효과가 있다.

- Builds 21st Century Skills
  학생들로 하여금 21세기의 중요한 기술인 팀웍, 의사소통능력, 공감능력, 창의력, 문제 해결력을 향상시킬 수 있다.

- Incorporate Writing
  학생들이 책의 내용을 나름대로의 아이디어로 재구성할 수 있기 때문에 책 읽기와 글쓰기 능력을 모두 향상시킬 수 있다.

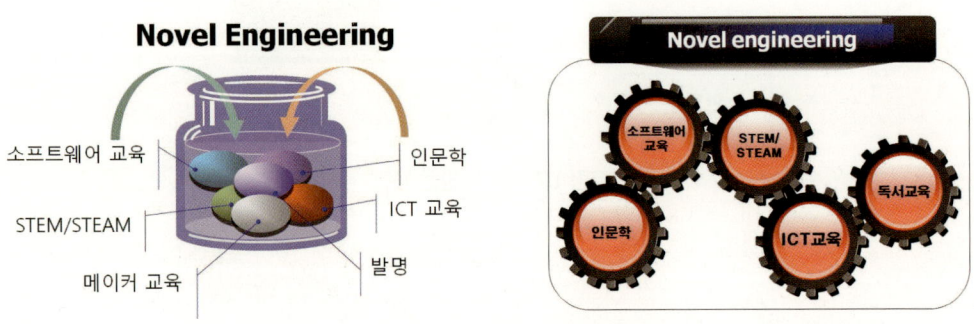

[그림 1.8] 패러다임간 융합모형으로서의 노벨 엔지니어링

이제까지의 노벨 엔지니어링 수업사례를 조사해보면, 학생들이 어떤 문제와 해결책을 이끌어내느냐에 따라서 두 개 이상의 패러다임들이 융합된 수업이 진행되었다는 것을 발견할 수 있었다. 수업의 시작은 등장인물의 문제상황을 이해하고 도와주려는 의도에서 시작한다. 이러한 의도는 맨 마지막 단계까지 계속 이어진다. 그래서 노벨 엔지니어링 수업은 모든 과정에 타인에 대한 공감, 배려, 존중의 요소가 스며들어 있다.

만약 영어책을 선택했다면 어떤 수업이 될까? 노벨 엔지니어링을 통한 영어책 읽기와 글쓰기 수업이 될 수 있다. 노벨 엔지니어링의 가장 이상적인 모습은 각 교과목 시간에 흡수되는 것이다. 즉, 자연스럽게 각 교과목에 스며들어 수업의 목표를 도달할 수 있도록 하는 것이다. 그래야 모든 교과에서 사고력, 창의력, 문제 해결력의 교과핵심역량을 기를 수 있다. 2015개정 교육과정에서는 창의융합형 인재를 '인문학적 상상력과 과학기술 창조력을 갖추고 바른인성을 겸비해 새로운 지식을 창조하고 다양한 지식을 융합할 줄 아는 사람'이라고 정의하였다[18]. 이것은 지식 습득의 문제보다 발달의 문제로 해석해야한다. 교육의 목표는 지식 습득이 아니라 발달이기 때문이다.

옛 소련의 심리학자이며 아동발달학자인 비고츠키(Lev Vygotsky)는 '학습이 발달을 이끈다'라고 하였다[20]. 이 말은 창의융합형 수업이 창의융합형 인재를 만들 수 있다는 것을 의미한다. MIT대학 미디어(MediaLab) 연구소의 Lifelong Kindergarten그룹의 디렉터인 미첼 레스닉(Mitchel Resnick)교수는 '교사가 학생들에게 창의성을 가르칠 수 있을까?' 라는 질문에 '가르칠 수 없다'라고 말한다. 다만 창의성은 창의적인 학습 방법으로만 향상시킬 수 있다고 말했다[19]. 문제 해결력도 마찬가지이다. 문제 해결력을 위해서는 그에 맞는 수업이 필요하다.

2) '생각하는 힘'을 길러주는 노벨 엔지니어링

나는 지난 몇 년 동안 여러 차례 노벨 엔지니어링 공개 수업을 참관하였다. 공개수업은 특성상 수업의 극히 일부분만 공개된다. 이러한 특성 때문에 처음으로 노벨 엔지니어링 공개 수업을 참관하였을 때, '수업이 재밌어 보이긴 한데, 도대체 아이들은 뭘 배우는걸까?'라는 의문이 들었다. 아마 공개수업을 참관해 본 경험이 있다면 모두 같은 생각일 것이다. 이 질문에 대한 대답은 수업 사례를 논문으로 정리하면서 알게 되었다. 의문이 들었던 이유는 '내가 공개수업을 통해서 극히 일부분만을 봤기 때문에' 이고, 아이들이 배우는 것은 바로 '생각(Thinking)'이었다.

노벨 엔지니어링은 학생들의 생각이 이끌어가는 수업이다. 학생들은 학교에서 아이디어를 내는 방법에 대해서 교육 받은 적이 없다. 그러나 분명히 아이들은 아이디어를 내고 있다. 아이디어의 원천은 바로 생각이다. 비고츠키와 피아제의 제자인 시모어 패펏 모두 '생각'의 중요성을 강조하였으며, 창의력과 문제 해결력의 원천은 바로 '생각'이라고 말하였다[21,22].

이제까지 노벨 엔지니어링 수업 사례를 관찰해 보았을 때, 노벨 엔지니어링 수업은 '아이들의 생각하는 힘'을 기르기에 매우 적합한 수업모형임을 알았다. 책의 등장인물이 겪는 문제를 찾기 위해서 학생들은 상상하며 책을 읽어야한다. 그리고 그 문제에 대한 해결책을 생각해야 하며, 해결책을 어떻게 구현할지도 생각해야 한다. 마지막에는 내가 만든 창작물을 등장인물이 사용했을때를 생각하며 글쓰기가 이루어져야 한다.

이렇듯 노벨 엔지니어링의 모든 단계는 생각의 연속이다. 이것은 학생들의 창의적인 아이디어, 문제를 해결하겠다는 의지 그리고 타인을 도와줘야 한다는 감성이 어우러진 결과인 것이다. 비고츠키는 '고등정신기능은 지성, 감성, 의지의 총체'라고 하였다[21]. '생각하는 힘'이야말로 논리적 사고력, 창의성, 비판적 사고력, 문제 해결력과 같은 고등정신기능을 향상시키는 원동력이다. 이러한 조건을 만족시킬 수 있는 수업모형이 바로 노벨 엔지니어링이 될 수 있다.

발명교육의 수업을 예로 들어보자. 발명교육에서 가장 중요한 단계는 첫 번째 단계인 문제 인식단계이다. 그래서 교사는 학생들에게 '우리들 주변에 있는 것들 중에 좀 더 편리하고 효율적으로 개선해야하는 것들을 찾아봅시다.'라는 질문을 던진다. 그러나 이 질문에 답할 수 있는 학생들은 거의 없다. 교사도 대답할 수 없다. 그래서 결국은 교사가 문제를 정해준다. 이것은 문제를 해결하고자하는 아이들의 열정에 도움이 되지 않는다.

미첼 레스닉 교수는 그의 저서에서 열정은 창의적인 프로젝트 학습이 되기 위한 필수조건이라고 하였으며, 열정은 자기가 좋아하는 일을 할 때 생긴다고 하였다[19]. 자기 자신이 이끌어낸 문제를 직접 해결해 보는 경험은 아이들의 열정을 자극하기에 충분하기 때문이다.

## 라. 구성주의와 노벨 엔지니어링

앞서 기술하였듯이, 노벨 엔지니어링은 구성주의 학습 방법의 필수적 요소인 상호작용, 협동, 탐구기반학습 또는 문제중심학습, 학생중심수업을 실현할 수 있는 좋은 수업모형이다. 그 근거를 아래의 구성주의 이론에서 찾아볼 수 있다.

구성주의(constructivism)이란 사람이 어떻게 지식을 구성하고 학습하는지를 설명하는 학습이론이다. 구성주의에서 빼놓을 수 없는 대표적인 인물들로서는 쟝 피아제(Jean Piaget), 제롬 브루너(Jerome Bruner), 레브 비고츠키(Lev Vygotsky), 존 듀이(John Dewey)를 들 수 있다. 이들의 공통적인 이론으로는 '학습은 실천으로부터 이루어진다', '학습은 사회적인 과정이다', '학생들은 학습의 수동적 존재가 아닌 적극적인 존재이다', '학생 자신의 학습을 이끌기 위해서는 교사 중심의 수업보다는 학생 중심의 수업이 더 효율적이다', '학생들마다 지식을 구성하는 방법이 다르다'를 들수 있다.

구성주의 이론을 실현하는 도구로서 상호작용, 협동, 융합, 탐구 기반 학습(Inquiry-based learning)이 자주 언급된다. 상호작용은 교사가 학생들이 무언가를 직접 하도록 기회를 제공하는 것이다. 이는 자신을 되돌아보는 과정을 통하여 내적인 동화작용이 일어나도록 하기 위함이다. 이러한 내적 동화작용은 학생들이 다음에 무엇인가를 할 때, 무엇이 최선의 방법인지를 결정할 수 있다. 협력은 상호작용보다 훨씬 더 포괄적인 단어로서, 상호작용을 넘어서 협력을 통하여 공통의 목표를 달성하도록 도와준다. 융합은 학습자들이 교과의 벽을 허물 수 있도록 해준다.

구성주의 학습이론 중 인지발달이론은 매우 잘 알려져 있다. 인지발달이론은 사람의 뇌에서 어떠한 과정을 거쳐서 학습이 일어나는지에 대한 이론이다. 인지심리학에서는 피아제(1896~1980)와 비고츠키(1896~1934)가 인지발달이론의 양대산맥이라고 말할 수 있다. 두 사람의 인지발달이론에 대해서 알아보자.

## 1) 피아제와 시모어 패펏의 구성주의

피아제의 인지발달이론에서는 '사람들은 경험을 통해서 나름대로의 지식을 구성하는 방법이 모두 다르다'라고 말하고 있다. 우리가 새로운 것을 받아들일 때, 기존의 생각, 경험과 동화(assimilation)시키거나 기존의 지식을 수정하여 새로운 지식을 구성(조절, accommodation)해야 한다. 이러한 지식은 스키마(schema)라는 틀 안에 저장된다. 컴퓨터과학의 데이터베이스에서 말하는 스키마와 동일하다.

사람은 동화와 조절을 통하여 인지적 평형화를 유지하려는 경향이 있으며, 이 과정을 통해서 동화와 조절이 가능하다. 그래서 피아제는 이러한 평형화 과정을 통한 인지구조의 변화단계를 감각운동기(0~2세), 전조작기(2~7세), 구체적 조작기(7~11세), 형식적 조작기(12세~ )와 같이 4단계로 나누었다.

피아제의 구성주의 이론을 좀 더 실천적으로 교육에 적용한 사람이 바로 시모어 패펏(Seymour Papert, 1929~2016)이다. 패펏은 피아제(Jean Piaget, 1896~1980)의 수제자이며 1950년대에 인공지능을 연구한 수학자, 컴퓨터과학자, 교육자이다. 패펏은 인공지능의 아버지라고 불리던 마빈 민스키(Marvin Minsky, 1927~2016)와 함께 인공지능의 선구자라고 일컬어지며, 교육에 구성주의 이론을 실천적으로 연결했던 사람이다. 패펏은 1960년 초에 MIT교수가 되면서 피아제의 구성주의를 컴퓨터, 프로그래밍, 로봇과 같은 IT기술을 통해서 수업에 실현하는 방법에 대해서 연구해왔다. 우리가 지금 활용하는 교육용 프로그래밍 언어와 교육용 로봇의 원조가 바로 시모어 패펏이다.

패펏은 '사람들이 지식을 구성할 때, 실세계를 위한 무언가를 만드는 경험이 지식을 구성할 때 훨씬 더 효율적으로 작용한다'라고 하였다. 그래서 패펏의 구성주의(constructionism)는 피아제의 구성주의(constructivism)와 약간 다르다.

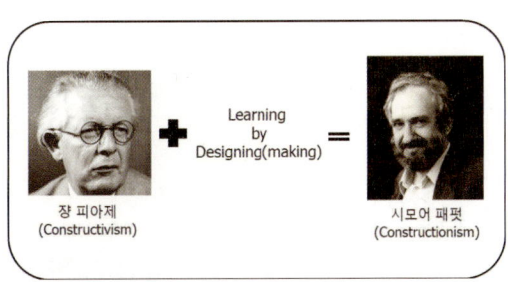

[그림 1.9] 피아제와 시모어 패펏의 구성주의
-인물 사진 출처: http://biography.com, http://media.mit.edu

패퍼트는 아이들이 무언가를 만드는 과정이 세상과 상호작용할 수 있는 좋은 방법이며, 뇌를 자극함으로써 지식 구성을 위한 인지발달에 훨씬 더 효율적이라고 판단하였다. 아이들이 무언가를 만든다는 것은 아무 생각 없이 만드는 게 아니라 나름 절차를 가지고 만든다. 즉, 머릿속의 생각을 직접 표현하는 과정이라는 것이다. 그래서 패퍼트는 저서 'MINDSTORMS'에서도 '생각하는 힘'을 기르는 과정을 매우 강조하였다[22].

> how to generalize from this understanding. You can't think seriously about thinking without thinking about thinking about something. And the something I know best how to think about is mathematics. When in this book I write of mathematics, I do not think of myself as writing for an audience of mathematicians interested in mathematical thinking for its own sake. My interest is in universal issues of how people think and how they learn to think.

1950년대 중반에 패퍼트는 마빈 민스키와 인공지능을 연구하고 있었다. 인공지능의 핵심은 학습이다. 인간이 어떻게 학습하는지를 알기 위해서는 학습의 본질과 사람의 본질에 대한 지식이 필요하다고 생각하였다. 그래서 패퍼트는 1958년에 스위스의 제네바 대학에 있는 피아제를 찾아가 학습이론에 대해서 공동 연구를 시작한다. 그 후 1960년초에 패퍼트는 MIT 교수로 임용되면서 마빈 민스키와 MIT 인공지능 연구실과 미디어 랩을 공동 설립하게 된다.

그 이후에 패퍼트는 수포자(수학을 포기하는 학생)들을 위해서 무엇을 할까 고민하다가 동료와 함께 1967년에 LOGO 라는 프로그래밍 언어를 개발한다. 이 언어를 개발한 이유는 몇 가지 단어와 문장을 사용하여 화면의 거북이를 움직이면서 수학적인 개념과 기하학을 표현하기 위함이었다. LOGO는 인공지능, 수학적 논리, 발달 심리학이론에 기반하고 있다[22]. 2007년에 발표된 스크래치(Scratch)가 바로 21세기판 LOGO이다[24].

패퍼트는 컴퓨터가 단순히 정보와 명령어를 전달하는 매개체가 아니라 아이들에게 실세계의 환경을 실험하고, 탐구하고, 자신의 생각을 표현하는 창의적인 힘을 길러주는 좋은 매개체라고 생각하였다. 그래서 패퍼트는 프로그래밍과 디버깅이 학습에 대한 아이들의 생각을 표현하는 좋은 창의적 도구라고 생각하였으며, 이를 위해서 미래에는 반드시 'One child One Laptop' 환경이 되어 컴퓨터가 널리 보급될 것이라고 예언하였다.

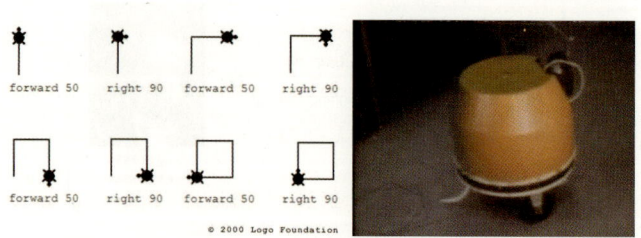

[그림 1.10] LOGO와 로고 터틀 로봇
-사진 출처: http://cyberneticzoo.com

패펏은 메사추세츠주 소재 초등학교에 LOGO를 수업에 적용하면서 아이들의 학습과정을 관찰하였다. 그런데 학생들이 어느 정도 시간이 지나면 싫증을 느끼기 시작했다. 그 이유를 알고 보니, 학생들은 컴퓨터 화면보다는 눈앞에서 직접 움직이는 무언가가 필요했던 것이다. 그래서 1969년도에 패펏은 로고 터틀 로봇(Logo Turtle Robot)을 개발하였다. 이것은 피아제의 인지발달 이론에 근거한 것이다. 그 후 패펏은 레고 회사와 협력하여 레고/로고로 업그레이드하였으며, 현재 나와있는 레고® 마인드스톰® 시리즈(RCX, NXT, EV3)까지 개발하게 된다.

## 2) 비고츠키의 구성주의

피아제는 '생물학적인 발달에 따라서 자연스럽게 인지발달이 일어난다.' 라고 하였다. 그러나 비고츠키는 '주변의 다른 동료들과의 상호작용이 인지발달에 매우 큰 영향을 미친다'고 하였다. 즉, 인지발달을 위해서 후천적인 환경 요인이 매우 중요하다는 것이다. 비고츠키 이론에서 중요시 다루는 영역이 '언어 사용'과 '근접발달영역'이다[21].

비고츠키는 '언어 사용'이 인지발달을 위한 단순한 도구가 아닌 매우 중요한 요소라고 하였다. 이에 반해 피아제는 '언어 발달은 매우 자연스러운 현상이므로 때가 되면 말을 하고 글을 쓸 수 있다'고 하였다. 현재는 비고츠키의 이론이 피아제의 이론보다 우리의 현실에 훨씬 가깝게 다가오기 때문에 널리 알려지기 시작했다. 비고츠키의 '언어 사용'은 말하기를 포함하여 듣기, 글쓰기를 모두 포함한다.

두 번째 영역인 비고츠키의 '근접발달영역(ZPD; Zone of Proximal Development)'에 대해서 알아보자. 아래는 비고츠키가 제시한 '학습과 발달의 관계'를 나타내는 그림이다. 중간에 있는 영역이 바로 근접발달영역이다.

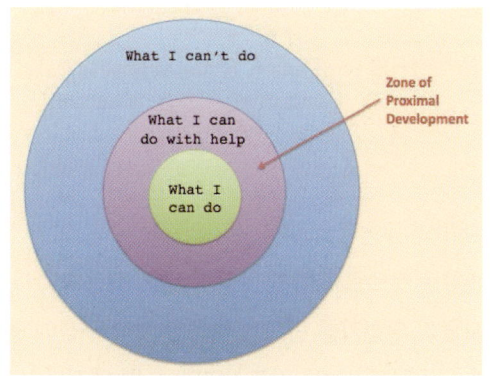

[그림 1.11] 비고츠키의 근접발달영역
-사진 출처: http://instructionaldesign.org

피아제는 '학습'과 '발달'은 상호 독립적이라고 하였다. 즉, 발달이 이루어진 후 학습이 가능해진다는 것이다. 이와 대조적으로 비고츠키는 '학습이 발달을 이끈다'라고 하였다. 즉, '학습을 통해서 발달이 일어난다'라는 것이다. 근접발달영역은 개인이 성취할 수 있는 영역을 넓히는데 의미가 있다. 개인은 동료와 협동함으로써 개인이 가지지 못한 부분을 보완하게 된다. 이러한 과정이 반복되면 개인의 성취 영역을 넓힐 수 있다는 것이다.

비고츠키의 '학습과 발달 관계'는 3가지 측면에서 교육적 의의를 가진다. 첫째는 '진단'의 중요성이다. 같은 학년의 학생들도 발달의 차이가 있기 때문에 획일적인 교수-학습은 학습간 불균형이 발생할 수 있다는 것이다. 즉, 개인의 발달 수준에 맞는 교수-학습이야말로 학습자간의 격차를 줄일수 있다는 것이다. 둘째는 발달의 가능성은 누구에게나 열려있다는 것이다. 앞서 '진단'이 제대로 이루어지면 그 누구도 발달할 수 있다는 것이다. 셋째는 학교 교육의 존재하는 이유이다[21].

그렇다면 학교 교육에서는 근접 발달 영역을 어떻게 생성할 수 있을까? 바로 개념적 사고를 통해서이다. 개념적 사고는 일상적 사고와 과학적 사고의 만남이다. 일상적 사고는 학생들이 일상적인 생활에서 얻을 수 있는 개념이고, 과학적 사고는 일상적 사고를 통해 얻은 경험적 지식을 구체화하는 개념이다. 학교 교육은 일상적 사고와 과학적 사고가 만날 수 있도록 교수-학습이 일어나야한다. 일상적 사고와 과학적 사고가 만날 때 비로소 근접발달영역이 생성되기 때문이다.[21]

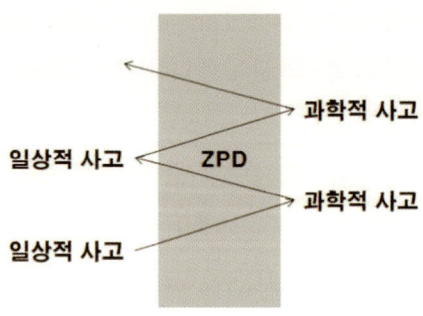

[그림 1.12] 개념적 사고 창출 과정[21]

이제까지 피아제와 시모어 패펏의 구성주의, 비고츠키의 구성주의 이론에 대해서 간단히 알아보았다. 우리 모두는 이러한 이론을 배우는 것으로 끝나지 않고, 수업에 적용할 수 있는 모형과 실천 방법을 알기 원한다. 시모어 패펏은 학습자들이 무언가를 만드는 과정이 지식 구성에 훨씬 효과적이라고 하였고, 비고츠키는 협력을 통한 학습과 고등정신기능을 강조하였다. 노벨 엔지니어링은 학습자가 다른 사람들에게 도움을 주기 위해서 무언가를 만드는 과정을 포함하고 있으며, 모둠별 협력을 통하여 문제를 해결하는 과정을 거치게 된다. 그래서 노벨 엔지니어링은 시모어 패펏과 비고츠키의 이론을 모두 실현할 수 있는 좋은 방법이 될 수 있으며, 다음 장에서 기술할 창의적 학습 과정을 실천하는 실천 방법이 될 수 있다.

# 창의적 학습 과정과 컴퓨팅 사고력

## 가. 창의적 학습과정과 노벨 엔지니어링

　MIT Media Lab의 Lifelong Kindergarten 그룹의 디렉터이며 MIT 교수인 미첼 레스닉(Mitchel Resnick, 1956~ )은 2017년 'Lifelong Kindergarten(평생유치원)' 저서를 출판하였다. 그가 출판한 책의 제목과 내용에는 유치원이라는 단어가 많이 나온다. 갑자기 MIT 교수가 왜 유치원이라는 단어를 썼을까? 레스닉 교수는 지난 천년의 역사 중 가장 위대한 발명품 중 '유치원'을 최고로 꼽았기 때문이다[19].
　1836년 프리드리히 프뢰벨(Friedrich Froebel, 1782~1852, 페스탈로치의 제자)은 독일에서 처음 유치원을 설립했다. 기존의 학교 형태와 근본적으로 다른 완전히 새로운 접근 방식에 기초를 두고 있었다. 프뢰벨은 유치원에 기존 '강의형 교육 모델'에서 '상호 교감형 교육 모델'을 도입하고, 아이들에게 장난감, 만들기 재료 그리고 다양한 주변의 물건과 교감할 수 있는 기회를 제공하였다. 유치원에 다니는 아이들이 있는 집이라면 '프뢰벨 은물' 또는 '가베'로 불리우는 교구가 바로 프뢰벨이 개발한 새로운 유형의 장난감(Froebel's Gifts 또는 Froebelgaben)이다[23].
　이 장난감은 유치원 아이들이 여러 유형의 타일로 무늬를 만들고, 탑과 건물도 만들 수 있다. 프뢰벨이 이러한 장난감을 만든 이유는 이러한 활동을 통해서 세상에 있는 구조물들의 원리, 모양, 패턴, 그리고 대칭성 등을 쉽게 이해하도록 돕기 위해서였다. 프뢰벨은 유치원생들이 주변 사물을 더 잘 이해하기를 원했다. 이를 위해서 가장 좋은 방법은 '아이들의 눈으로 본 세상을 자기의 손으로 직접 재구성해보는 것'이다. 이것이 바로 유치원이 설립된 궁극적 이유이며, 미첼 레스닉 교수가 초등학교부터 대학교까지가 유치원과 같아야 된다는 것을 말한 이유이다[19].
　레스닉 교수는 '아이들의 창의적 두뇌는 창의적 과정을 통해서 성장된다.'라고 말했다[19]. 창의적 학습의 선순환이라는 관점에서 창의적 학습 과정은 상상(Imagine), 창작(Create), 놀이(Play), 공유(Share), 생각(Reflect)의 요소가 나선형으로 연결되어 있다고 주장히였다[19]. 그 이유는 '기존의 상상 경험을 토대로 또 다른 상상을 한다' 라는 것을 의미한다. 이러한 창의적 학습은 창의적 사고의 원동력이다. 이는 스승인 시모어 패펏의 구성주의(constructionism)에 근거를 두고 있다.

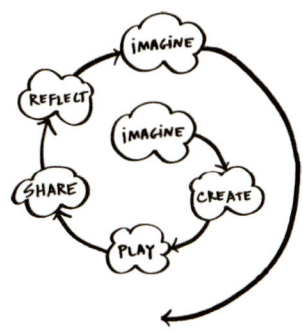

[그림 2.1] 창의적 학습 과정[19]

- Imagine
  
  아이들은 선생님이 예전에 읽어준 동화를 생각하며 무엇을 만들지를 상상하기 시작한다.

- Create
  
  아이들은 상상했던 것을 실행으로 옮겨서 블록으로 쌓기도 하고 연결하면서 나름대로의 이야기를 만든다.

- Play
  
  아이들은 끊임없이 이런저런 방식을 시도하며 더 높은 탑을 쌓으면서 이야기에 새로운 모습을 추가하려고 한다.

- Share
  
  한 그룹의 아이들이 함께 무언가를 만드는 동안 다른 그룹의 아이들이 하는 모습을 보면서 서로의 아이디어를 공유해나간다.

- Reflect
  
  탑이 무너지면 아이들은 우울해하지만, 잠시 후 다시 무언가를 만들기 시작한다. 이때 선생님은 왜 무너졌는지를 말해주면서 더 안정된 탑을 만들 수 있도록 유도한다. 아이들은 이전보다 바닥을 더 넓게 만들어 탑을 다시 쌓는다.

- Imagine
  
  이제까지의 경험을 바탕으로 선순환이 시작된다. 아이들은 새로운 아이디어와 새로운 방향을 다시 상상하기 시작한다.

레스닉 교수는 프로그래밍 언어인 스크래치(Scratch)의 개발자로 유명하다. 우리나라의 네이버에서 운영하는 프로그래밍 언어 엔트리(Entry)도 이 스크래치의 형태와 유사하다. 레스닉 교수는 창의적 학습 과정에 필수적인 요소를 프로젝트(Project), 열정(Passion), 동료(Peer), 놀이(Play)와 같이 4가지로 요약하였으며, 이것은 수 십년간 전 세계의 연구자들이 연구해온 결과라고 하였다[19]. 즉, 창의성을 키우는 가장 좋은 방법은 '아이들이 놀이(Play)하는 것처럼 즐거운 마음으로 동료(Peer)들과 협력하여 프로젝트(Project)에 열정(Passion)을 가지고 빠져들도록 지원하는 것이다'이다.

이 요소를 간단히 기술하면,

- 프로젝트(Project)
아마 교사라면 프로젝트형 수업의 경험이 있을 것이다. 프로젝트 수업이란 '문제(problem)를 해결(solve)하기 위한 창의적이고 강력한 수업 방법'이다. 그러나 창의성을 위해서 프로젝트는 정해진 답을 가질 필요는 없다. 즉, 정해진 결과물(closed) 보다 열린(open) 결과물이 되어야 한다. 그래서 프로젝트에서 제시된 문제는 open-ended problem이다. 프로젝트에서 가장 중요한 단계는 문제 인식(identifying problems)이다. 문제는 교사가 제공하는 것보다 학생 스스로가 문제를 이끌어낼 수 있어야한다.

- 열정(Passion)
아이들이든 어른들이든 사람들은 자기가 좋아하는 일을 할 때 비로소 열정이 생기기 마련이다. 프로젝트 수업도 아이들이 재미있고 흥미가 있어야 열정을 가지고 할 수 있다. 아이들이 프로젝트에 열정을 가지려면 어떻게 해야 할까? 정답은 바로 '학생 스스로가 이끌어낸 문제를 해결'하는 것이다. 교사는 아이들이 이러한 열정을 가질 수 있도록 격려하고 도와주는 촉진자(catalyzer)가 되어야한다.

- 동료(Peer)
교육은 사회적인 활동이다. 동료와의 상호작용과 자신이 한 일에 대한 공유를 통해서 아이들은 협력, 협업을 배우게 되고, 사회적인 구성인이 되어간다. 동료는 같은 반 친구 또는 교사가 될 수 있다. 이러한 상호작용은 타인과의 토론을 요구하게 되고 때로는 협상을 요구한다. 아이들은 정해진 문제를 해결하기 위해서 나와 다른 능력을 가진 아이들과 협력하는 것이 문제를 해결하는 좋은 방법임을 깨닫게된다. 동료와의 협력은 근접 발달 영역을 창출함으로써 개인의 내적 성취 능력을 향상시키는 좋은 방법이다.

- 놀이(Play)
시모어 패퍼트의 구성주의(constructionism)는 창의적인 설계(Designing)를 강조한다. 여기에서 만들기는 눈에 보이는 무언가를 만드는 것만 의미하지는 않는다. 만드는 과정은 계획에서 시작하여 결과물이 나오기까지 매우 많은 시행착오도 포함한다. 패퍼트는 결과물보다는 시행착오(debugging)를 더 중요시한다. 그래서 레스닉 교수는 놀이를 팅커링(tinkering)이라고 표현하였다. 즉, 놀이는 단순히 재미있게 노는 것이 아닌 끊임없는 변경과 수정을 모두 포함한다.

이쯤되면 이 책을 읽는 독자들은 '그럼 창의적 학습 과정을 구현할 수 있는 수업모형이 필요하네!'라고 생각할 것이다. 그렇다. 레스닉 교수의 학습 과정을 교실에서 실현할 수 있는 실제적 수업모형이 반드시 필요하다. 수업은 매우 창의적인 과정이다. 같은 내용이라고 할지라도 어떻게 가르쳐야 더 효과적으로 수업목표를 달성하느냐는 전적으로 교사의 수업 역량에 달려있다.

모든 교사는 창의성, 문제 해결력, 논리적 사고력 등과 같은 역량에 매우 관심이 높다. 이러한 역량을 높이기 위해서 국어, 영어, 수학, 과학 등등의 교과목 위주의 수행중심수업보다는 논리적 사고력, 비판적 사고력, 창의성, 문제 해결력과 같은 역량중심수업으로의 전향이 필요하다. 이는 주제를 중심으로 하는 융합수업만이 역량중심수업을 가능하게 한다. 창의적 학습과정과 노벨 엔지니어링은 융합된 사고를 요구하는 역량중심수업모형이다. 이 두 개의 모형을 다시 한 번 비교해보면 많은 유사점을 찾을 수 있다.

노벨 엔지니어링은 이제까지 경험하지 못한 전혀 새로운 수업모형이 아니다. 책 읽기와 글쓰기 단계는 국어를 포함한 여러 교과에서 이미 진행해왔으며, 나머지 다른 단계는 일상생활, 동아리, 만들기 등의 시간에 진행해왔다.

이제는 노벨 엔지니어링 수업을 하고자하는 교사의 의지가 가장 중요하다.

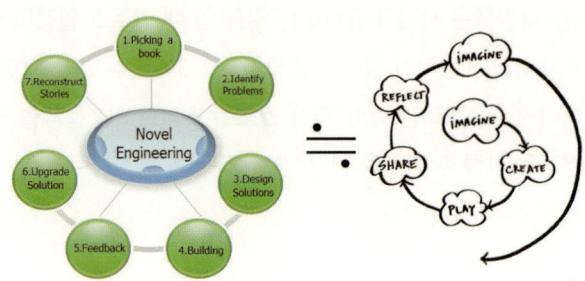

[그림 2.2] 노벨 엔지니어링과 창의적 학습 과정

## 나. 컴퓨팅 사고력과 노벨 엔지니어링

컴퓨팅 사고력(Computational Thinking; CT)이라는 단어는 1980년에 시모어 패펏이 그의 저서 'MINDSTORMS'에서 처음 사용하였다[22]. 그 후 2006년 카네기 멜론 대학의 자넷 윙(J.M. Wing) 교수가 이 개념을 좀 더 구체화시켰다[25].

> In most cases, although the experiments have been interesting and exciting, they have failed to make it because they were too primitive. Their computers simply did not have the power needed for the most engaging and shareable kinds of activities. Their visions of how to integrate computational thinking into everyday life was insufficiently developed. But there will be more tries, and more and more. And eventually, somewhere, all the pieces will come together and it will "catch." One can be confident of this because

[그림 2.3] 시모어 패펏의 저서 'MINDSTORMS' 일부

윙 교수는 컴퓨팅 사고를 'Computational thinking is the <u>thought process involved in formulating problems and their solutions</u> so that the solutions are represented in a form that can be effectively carried out by an information-processing agent'라고 정의하였다[25]. 번역하면 '컴퓨팅 사고력은 문제와 그 해결책을 정의하는 것을 포함하는 사고의 과정이며, 그 해결책은 정보처리 기기가 수행할 수 있는 형태로 표현되어야 한다'이다. 컴퓨팅 사고력을 가장 잘 표현하는 부분이 밑줄 친 부분이다.

컴퓨팅 사고력의 정의는 학자와 기관들에 따라서 약간의 차이가 있지만, 의미는 모두 비슷하다. 윙 교수는 읽기, 쓰기, 연산과 같이 모든 사람들이 일상생활에서 분석적인 능력을 키우는 것이 컴퓨팅 사고력이라고 하였다. 시모어 패펏도 그의 저서에서 자신의 생각과 지식을 생성하는 데 사용하는 것이 컴퓨팅 사고력의 본질이라고 하였다[22].

컴퓨팅 사고력 과정에서 사용될 핵심 요소는 분해, 패턴 인식, 추상화, 알고리즘이다. 그 이외에도 자동화(automation), 데이터 수집, 분석 및 표현, 병렬화, 시뮬레이션도 컴퓨팅 사고력의 요소에 포함된다. 간혹 언플러그드, 엔트리, 스크래치, 로봇 등의 교구를 사용하는 것이 컴퓨팅 사고의 핵심이라고 오해하는 경향이 있다. 그러나 이것들은 컴퓨팅 사고를 도와주는 도구일 뿐이지 핵심이 아니다.

컴퓨팅 사고를 위한 4가지 핵심 요소를 알아보면,

- 분해(Decomposition)
  큰 문제를 여러 개의 작은 문제로 나누는 것이다. 각각의 작은 문제를 해결하고 결합하여 큰 문제를 해결하는 방법이다. 이 방법은 분할-정복(Divide and Conquer)이라고도 한다.

- 패턴 인식(Pattern Recognition)
  패턴이라는 것은 '문제내에서 공통적으로 가지는 속성'을 의미한다. 규칙과 같은 의미이다. 패턴 인식은 패턴을 찾아내는 과정이며, 패턴 일반화의 전단계이다.

- 추상화(Abstraction)
  추상화는 컴퓨팅 사고력 중 가장 높은 단계의 사고 과정이다. 우리는 추상화는 '불필요하고 자세한 내용보다는 핵심이 되는 정보만 정리'하는 것으로 알고 있다. 이것은 너무 단순화되어 자칫 오개념의 여지가 있다. 추상화는 '패턴을 찾고, 일반화하는 사고 과정'을 의미한다. 일명 모델링이라고 한다. 이는 컴퓨팅 사고력뿐만 아니라 수학적 사고력도 가지는 속성이다. 그래서 추상화는 공통적인 속성을 추출하기 위해서 주변의 영향력이 덜한 속성을 제거한다는 의미이다.

- 알고리즘(Algorithm)
  알고리즘은 어떤 문제를 해결하기 위한 절차, 방법을 의미한다. 즉, 문제 해결을 위한 논리이다. 하나의 문제는 여러 개의 알고리즘을 가질 수 있으며, 정해진 표현 방법은 없다. 글, 그림, 유사코드(pseudo code) 등의 형태로 작성될 수 있다.

컴퓨팅 사고력에서 가장 많은 부분을 차지하는 부분은 무엇일까? 바로 문제를 해결하기 위한 논리(logic)를 만들고 이를 코드로 변환하는 것이다. 가끔 코딩과 프로그래밍을 같은 의미로 사용하는 경향이 있다. 프로그래밍(programming)은 '문제 해결을 위한 논리(logic)를 찾고, 코딩을 통하여 코드로 바꾸는 것'이다. 우리가 많이 사용하는 엔트리, 스크래치, 파이썬, 자바, C언어 등을 코딩 언어라고 하지 않고 프로그래밍 언어라고 하는 이유이다. 그래서 코딩교육보다 프로그래밍교육이라는 단어가 훨씬 포괄적이고 적합하다.

그럼, '논리를 찾아내는 것'과 '코드로 변환하는 것' 중 어떤 것이 더 중요할까? 바로 논리를 찾아내는 것이다. 사람과 닮은 로봇을 아직도 못 만드는 이유는 사람이 가지는 여러 가지 사고, 행동, 학습의 논리를 발견하지 못해서이다.

그럼, 이제는 컴퓨팅 사고력과 노벨 엔지니어링의 관계에 대해서 알아보자. 앞서 윙 교수는 컴퓨팅 사고력을 '문제와 해결책을 정의하는 사고의 과정'이라고 하였다[25]. 노벨 엔지니어링도 아이들이 책을 읽고 스스로 문제를 정의하고, 이에 대한 해결책을 만들어내는 과정이다. 해결책을 실제로 구현하기 위해서 소프트웨어교육, STEM/STEAM, 발명, 메이커교육, 인문학과 같은 영역을 도구로 이용한다. 학습자들은 노벨 엔지니어링의 모든 단계를 거치면서 컴퓨팅 사고력의 4개의 핵심 요소인 분해, 패턴 인식, 추상화, 알고리즘을 적극적으로 활용할 수밖에 없는 상황에 놓이게 된다.

결론적으로 말하면, 노벨 엔지니어링은 '아이들의 문제 해결을 위한 컴퓨팅 사고력을 키울 수 있는 좋은 수업 모형'인 것이다.

## 다. 공학, 과학, 기술의 차이점

앞서 노벨 엔지니어링의 정의와 필요성에 대해서 말하였다. 엔지니어링, 즉, 공학이라는 얘기가 나온 김에 과학, 공학, 기술의 차이점을 알아보자. 우리는 이 세 단어를 주변에서 많이 듣고 말하기도 한다. 그러나 그 차이점을 알고 있는 사람은 별로 없는 듯하다.

과학은 자연현상의 일반적인 사실과 법칙을 찾아내는 분야이다. 예를 들어, '모든 생명체는 세포로 이루어져 있다'라는 사실은 과학으로 발견한 것이다. 공학은 과학에서 발견된 사실이나 법칙을 이용하여 편리하고 효율적인 무엇인가를 만들고, 설계하고, 창작하는 분야이다.

예를 들어, 생명체에 대한 더 많은 정보를 자세히 관찰하기 위해서 세포를 관찰할 수 있는 도구가 필요하다. 그래서 공학자는 세포를 관찰할 수 있는 무엇인가를 발명해야 한다. 그래서 공학자는 광학, 재료학, 물리학, 수학 등의 과학적 사실들을 토대로 현미경을 개발한다. 이 현미경을 만들기 위한 공정(process)이 바로 '현미경 개발 기술'이라고 한다.

공학자들이 개발한 현미경을 사용하여 세포를 관찰하게 되며, 이후에 더 정밀한 현미경을 필요로 한다. 그러면 공학자들은 고배율의 현미경을 개발하게 되는 것이다. 이때 현미경 개발 기술은 한층 더 업그레이드된다. 이렇듯 과학, 공학, 기술은 서로 분리되어 있는 요소가 아니라 서로 보완하고 상호작용하는 요소이다.

과학, 공학, 기술을 서로 연결하는 중간 매개체가 바로 수학이다. 과학자들은 이 세상에 존재하는 모든 물체의 속성을 수학식으로 표현하려고 노력한다. 그래서 공학교육 방법 중 하나인 STEM이라는 단어가 생겨난 것이다. 우리나라에서는 'A(Art)'를 붙여서 STEAM이라고 명명하였다. 여기서 말하는 Art는 예술만을 지칭하는게 아니라 인문학도 포함된다.

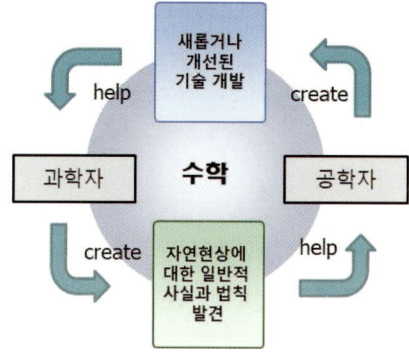

[그림 2.2] 공학, 과학, 기술, 수학의 관계

노벨 엔지니어링

돕고 싶은 소중한 마음

동물들의 삶의 터전이 사라지고 있어요.
# [스마트 생태통로]를 만들어보자!
- 인간이 만든 동물의 길, 생태통로를 읽고 -

## ✔ 인간이 만든 동물의 길, 생태통로 프로젝트 이야기

 2018학년도에 7학급 6학년 학년 부장을 맡게 되면서 학년 교육 과정 내 프로젝트 수업을 고민하였다. 2015 개정 교육과정 총론 중 개정 기본방향에 집중해서 읽었고, 어떻게 하면 학생들에게 개정된 교육과정에 부합하는 교육과정을 제공할 수 있을지 조금은 해답을 찾게 되었다. 거창한 교육과정을 수립하기보다는 교육과정 개정 기본방향에 부합하면서 학생들이 흥미 있어 할 프로젝트 수업을 계획하고 싶었다.
 "2015 개정 교육과정의 개정 기본방향은 인문·사회·과학기술에 대한 기초 소양이 균형 있게 개발하는 데 있다. 또한, 초등교육과정은 국가 사회적 요구를 반영하여 과학기술 소양 함양 일환으로 소프트웨어(SW) 교육을 강화한다. 그렇다면 소프트웨어 교육 강화를 위해 어떤 교육과정이 필요할까?"
 "2015 개정 교육과정에서는 바른 인성을 가지고 인문학적 상상력과 과학 기술 창조력으로 새로운 기술을 창조하고, 다양한 지식을 융합하여 새로운 가치를 창출할 수 있는 인재상을 요구한다. 이러한 인재를 양성하고자 어떤 프로젝트로 교육과정을 구조화해야 할까?"
 이렇게 두 가지 질문을 스스로에게 던져 보았다. 개정 기본방향에 부합하고 2015 개정 교육과정이 추구하는 인재상을 양성할 수 있는 교육과정은 무엇일까? 현장 교사들과 교육전문가들은 하나같이 '독서교육'을 처음으로 말한다. 그리고 2015 개정 국어과 교육과정도 학습자가 미래 사회에서 요구하는 국어과 교과 역량을 기를 수 있도록 학생들에게 인문학적 소양과 소통능력, 창의력, 꾸준한 독서 습관을 길러주기 위해 '한 학기 한 권 읽기'를 도입할 정도로 독서교육의 중요성을 강조한다.
 독서교육을 큰 틀로 잡는다고 하여도 고민은 어떻게 과학기술에 대한 기초 소양이 균형있게 개발되도록 교육과정을 수립하는가였다. 초등교육과정에서 과학기술의 소양 함양을 위해 소프트웨어(SW)교육을 강화해야 한다고 했으므로, 소프트웨어교육으로 풀어가고 싶었는데 도무지 어떻게 해야 할지 막막하였다. 그때 대학원의 지도교수님의 수업에서 노벨 엔지니어링을 소개받았고 2018학년도에 노벨 엔지니어링을 교육과정내 프로젝트 수업으로 계획하였다.
 노벨 엔지니어링 수업기법을 활용하였을 때 학생들은 책 속에서 문제를 인식하고, 체계적으로 자기만의 아이디어를 창출하고 이를 구현해보고, 그 이후 뒷이야기를 꾸며 봄으로써 학생 스스로가 아이디어에 대한 애착도 높아질 거라는 생각이 들었다. 또한, 책을 읽는 것에 그치지 않고 자기 스스로 이야기를 만들 수 있도록 도움을 주기 때문에, 프로젝트 내내 학생들은 자기 주도적으로 학습하며, 친구들과 소통하고 협력함으로써 미래핵심역량이 성장할 것으로 생각되었다.

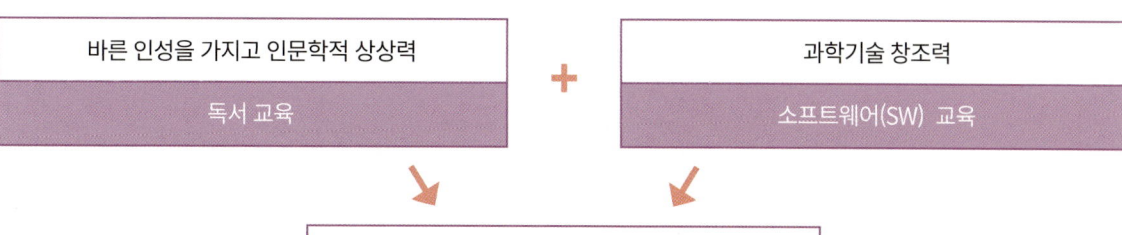

[인간이 만든 동물의 길, 생태통로] 프로젝트 이야기

## 1 노벨 엔지니어링 준비하기 (수업 전)

가. [인간이 만든 동물의 길, 생태통로]는 이런 프로젝트를 할 수 있어요.

**책 읽기를 통해**
- 세계 공동체의 구성원으로서 동물과 인간의 공존(2015 개정 교육과정 미래 핵심역량 중 공동체 역량)
- 무분별한 도로 확장으로 인한 로드킬의 이해
- 다양한 생태통로에 대한 이해
- 생태계 보전을 위한 노력
- 개발과 보존의 조화의 이해
- 자신의 생각과 감정을 표현하고, 타인과 의견을 교환할 때 경청하고 존중하는 태도

**엔지니어링 활동을 통해**
- 지식, 기술, 경험을 융합하여 활용
- LEGO® WeDo™ 2.0 활용을 통한 발명과 문제해결력
- 로봇의 기능과 구조 이해
- 프로그래밍 요소와 구조의 이해

## 나. 프로젝트 관련 성취기준

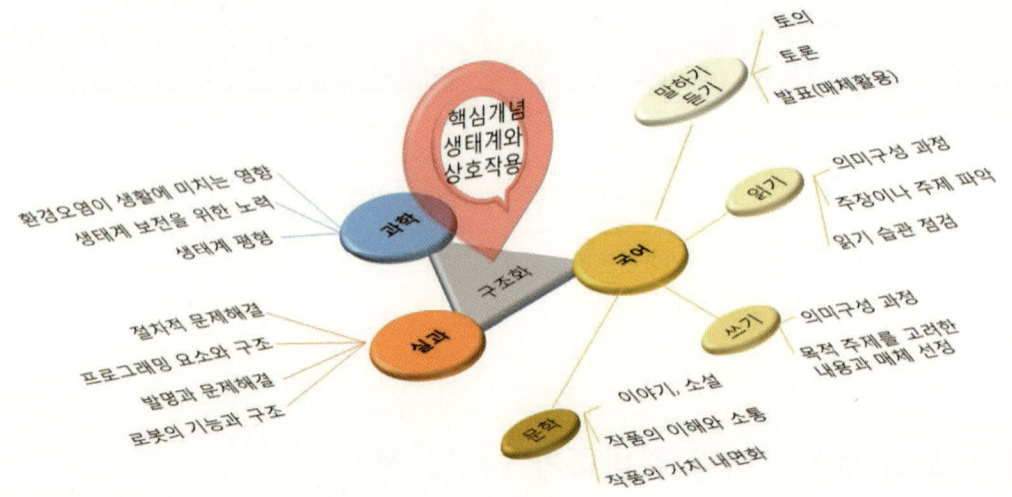

핵심개념 중심의 교과 교육과정 구조화

| 과목 | 관련 성취 기준 |
|---|---|
| 과학 | [6과05-03] 생태계 보전의 필요성을 인식하고 생태계 보전을 위해 우리가 할 수 있는 일에 대해 토의할 수 있다. |
| 실과 | [6실05-07] 여러 가지 센서를 장착한 로봇을 제작한다. |

 이 프로젝트에서 중요한 것은 생태계 보전의 필요성을 공감하고 이를 위해서 더 나은 방법의 생태통로를 만들어보는 가치창출에 있다. 또한 학생들이 여러 가지 센서를 활용하여 스마트한 생태통로를 만들어보고 산출물에 대한 의견을 나누게 하고 싶었다.

## 다. 이런 변화를 원해요

- 무분별한 도로 확장으로 인한 로드킬과 다양한 생태통로 이해하기

- 동물들이 겪고 있는 문제를 찾고 해결책 제시하기

- 자신의 생각과 감정을 표현하고, 타인과 의견을 교환함으로써 경청하고 존중하는 의사소통하기

- 이야기의 재구성을 통해 작품을 이해하고 작품의 가치 내면화하기

- 생태계 보전을 위해 노력하려는 마음과 동물과 인간의 공존하는 태도 갖기

라. 이렇게 준비해보세요

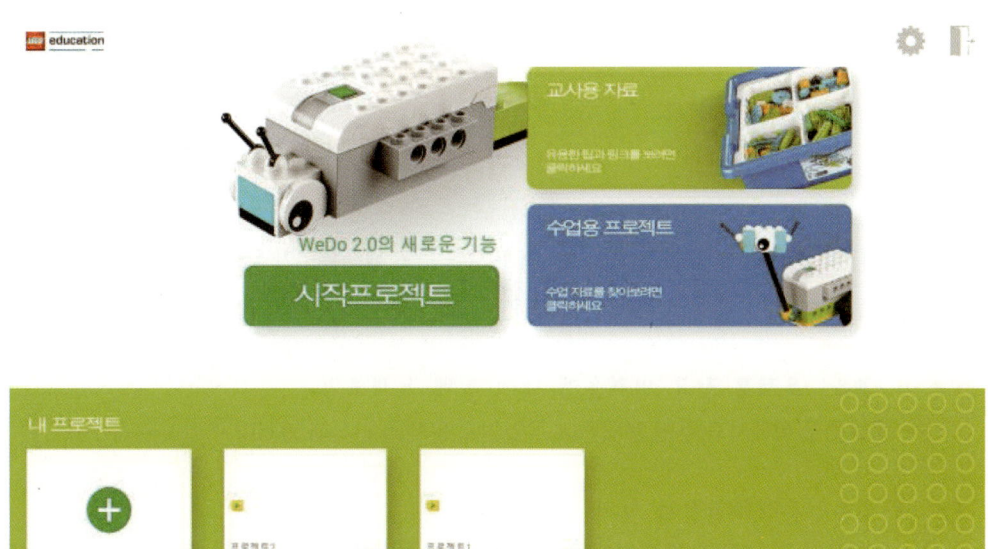

레고® 에듀케이션 WeDo 2.0 소프트웨어를 설치할 수 있는 ICT(아이패드, 안드로이드 패드, 노트북, 데스크탑)

많은 SW교구 중에서 레고® 에듀케이션 WeDo 2.0을 선택한 이유는 생태통로를 만들고 프로그래밍할 수 있도록 개방형 프로젝트가 있기 때문이다. 저학년부터 사용 가능한 WeDo 2.0은 라이브러리와 프로젝트를 활용하여 코딩을 잘 하지 못하는 학생도 쉽게 따라 할 수 있다. 고가라는 단점이 있지만, 학생들은 쉽게 만들기가 가능하므로 학습몰입도가 높아 노벨 엔지니어링 프로젝트 시간을 기다린다.

### 마. 준비하는 팁

- 해결방법을 생각하기 위해 다양한 생태통로에 대한 정보 수집이 필요하다. 필요하다면 자료를 제시하는 것도 학생들에게 로드킬에 대한 심각성을 공감하게 하고 생태통로에 대한 이해를 높일 수 있다.

- 산출물을 만들기 전에 산출물의 도면을 간략하게 그려보는 것도 좋다.

- 스마트 생태통로를 만들기 위해 WeDo 2.0에 없는 센서를 사용하고 싶을 때는 센서가 있다라고 가정하고 레고블록을 사용하여 만들 수 있도록 한다.

- 학생들이 LEGO 만들기에서 익숙하지 않다면 WeDo 2.0 소프트웨어에서 디자인 라이브러리를 찾아보고 아이디어의 원천이 될 만한 기본 모델을 선택해서 만들어 볼 수 있도록 유도한다.

## 2 노벨 엔지니어링 활동하기(수업 중)

### ✔ 수업 흐름 한 눈에 보기

#### 👣 한 걸음: 정성들여 책을 읽기
- [인간이 만든 동물의 길, 생태통로] 책 표지를 보고 생태통로가 무엇인지 생각해 보는 읽기 전 활동과, 읽기 중 활동을 통해 작품 속 인물, 사건, 배경의 관계를 파악해 봅시다.

#### 👣 두 걸음: 문제를 찾고 어려움에 대해 함께 느껴보기
- 동물들 입장에서 마주한 문제들이 무엇인지 문제를 인식해 봅시다.

#### 👣 세 걸음: 문제해결방법 찾기
- 동물들이 겪는 문제 해결 방법을 모둠별로 생각해 보고 정보 수집을 통해 더 나은 방법을 생각해 봅시다.
- 실제로 구현하기 위한 방법을 디자인하고 계획에 따라 WeDo 2.0으로 문제를 해결해 봅시다.

#### 👣 네 걸음: 발표하고 조언 받고 더 좋게 수정·보완하기
- 산출물에 대해 발표하고 피드백을 통해 수정·보완해 봅시다.

#### 👣 다섯 걸음: 이야기 바꾸기
- 모둠이 제시한 해결방법을 사용하면 이야기가 어떻게 바뀔지 상상하여 이야기를 꾸며봅시다.

| 1차시 | <학 습 목 표> 작품 속 인물의 생각과 인물, 사건, 배경의 관계를 파악한다. |||
|---|---|---|---|
| | **국어** ① 책읽기 | | 1. (동기유발) 읽기 전 활동<br> - 표지를 보고 생태통로가 무엇인지 생각해보기<br>2. 읽는 중 활동<br> - 교사가 읽어주기<br> - 읽는 중 작품 속 인물, 사건, 배경의 관계를 파악하기 |

| 2~7차시 | <학 습 목 표> 모둠원들과 협력하여 문제를 해결하기 위한 해결방법을 생각해 봅시다. |||
|---|---|---|---|
| | **과학** ② 문제인식 | | 1. '인간이 만든 동물의 길, 생태통로'의 동물들 입장에서 마주한 문제들이 무엇인지 문제 인식하기<br>2. 여러 문제 상황들 중 가장 해결이 필요하다고 생각되는 문제 상황 고르기 |
| | **실과** ③ ~ ⑥ 해결책 구현 | | 1. 해결방법 모둠별로 생각해보기<br>2. 정보를 수집<br>3. 실제로 구현하기 위한 재료와 방법 정리<br>4. 계획에 따라 문제 해결하기 |
| | **국어** ⑦ 수정보완 | | 1. 1차 발표<br>2. 피드백<br>3. 수정보완하기 |

| 8차시 | <학 습 목 표> 모둠이 제시한 해결방법을 사용하면 이야기가 어떻게 바뀌었을지 상상하여 이야기를 작성해봅시다. |||
|---|---|---|---|
| | **국어** ⑧ 뒷이야기 꾸미기 | | 1. 뒷이야기 꾸미기<br>2. 자신의 이야기 발표하기 |

## 가. 책 읽기

[초등학교 6학년] 출판사: 논장
글 : 김황  그림 : 안은진

[줄거리] 사람이 무분별하게 개발을 하면서 동물들의 터전이 사라지고 있다. 인간과 동물들이 공존할 방법이 있을까? 『인간이 만든 동물의 길, 생태 통로』는 공존하는 방법 중 하나인 동물의 길을 다룬 그림책이다. 노루, 고라니는 왜 달리는 차에 뛰어드는지, 뱀과 두꺼비는 차가 다니는 도로를 꼭 건너야만 하는지 생각해본 적이 있는가? 인간만을 위한 도로는 동물이 예전부터 그들의 터전으로 살아간 삶을 송두리째 빼앗아버렸다. 빼앗은 그 길을 돌려주기 위해 '생태통로'의 모습이 어떻게 바뀌는지 책으로 봅시다.

## 나. 공감하고 문제 찾기 _ 지금 동물들이 겪는 문제는 무엇일까?

문제상황 인식하기

동물들이 겪는 어려움들이 무엇인지 액션러닝을 통해 문제상황을 인식해 보았다. 동물들의 마음을 느껴보기 위해 문제상황을 간단하게 적고 이를 돌아가며 이야기해보는 활동이었다. 그래서 동물들이 어떤 마음인지 공감할 수 있었다. 또한 모둠에서 나온 문제인식을 공유함으로써 다양한 문제인식을 할 수 있었다. 학생들은 액션러닝을 통해 크게 문제를 다섯 개로 분류하였다.

## 다. 공학적 해결방법 찾기 _ 생각을 설계해요

앞 활동에서 나온 다양한 문제 중 가장 해결하고 싶은 문제를 선택하고 이를 해결하고자 노력했다. 학생들이 생태통로에 대한 이해가 부족하면 정보 수집을 유도한다. 고학년이므로 추가 읽기 자료를 제시하는 것도 좋은 방법이다. '기존 생태통로가 있어도 로드킬이 일어난다. 해법은 역시 맞춤형' 기사문을 보고 스마트한 생태통로를 제작하도록 한다. 또한, 자기만의 정보를 찾아 수집하는 활동을 함으로써 다양한 생태통로가 있다는 것을 알고 어려움을 겪고 있는 동물들 각각에 알맞은 스마트 생태통로를 제작할 수 있었다.

브레인 스토밍(Brain Storming)

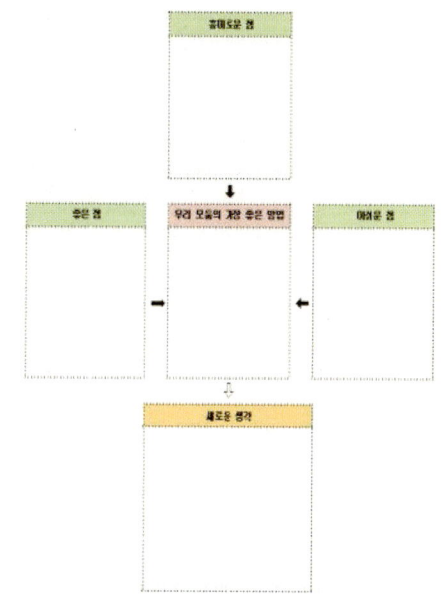

PMI 기법을 활용한 아이디어 평가

모둠원들과 해결하고자 하는 문제의 해결방법을 자유스럽게 기술하도록 하였다. 학생들은 문제를 해결하고자 할 때 계획을 세우거나 무엇을 해야 할지 처음부터 기술하는 것을 어려워한다. 또한, 해결책을 처음부터 도면부터 그리는 것은 더욱 어렵다. 단어나 간단한 어구로 작성하고 친구들과 이야기 하면서 해결방법을 구체화하는 것이 좋았다. 아이디어를 떠올릴 때 혼자 고민하는 것보다 집단지성을 활용한 해결방안이 훨씬 창의적이고 완성도 높은 산출물이 나왔다.

토론하면서 개선하는 과정에서 기록을 남기지 않고 소통을 하게 되면 갑자기 떠오른 좋은 아이디어들이 휘발유처럼 없어질 수 있으므로 기록을 하면서 토론을 하도록 하였다.

제시한 틀은 PMI기법을 활용한 것으로 토론 과정에서 아이디어들이 사장되지 않도록 하는 중요한 역할을 할 수 있는 활동이었다.

위두 2.0을 활용하여 모둠별 계획에 따라
동물들의 입장에서 문제 상황을 해결해봅시다.

(위두 2.0에 없는 센서를 사용하고 싶을 때는 센서가 있다라고 생각하고 만들기)

① 디자인 라이브러리를 찾아보고 아이디어의 원천이 될 만한 기본 모델을 선택한다.

② 이어 각자의 독자적인 해결 방법을 고안 혹은 실험해 가며, 목적에 맞도록 기본 모델을 수정한다.

③ 사용 가능한 디자인 라이브러리 모델의 예시

제자리 돌기

회전

관절운동

해결방법 생각하기

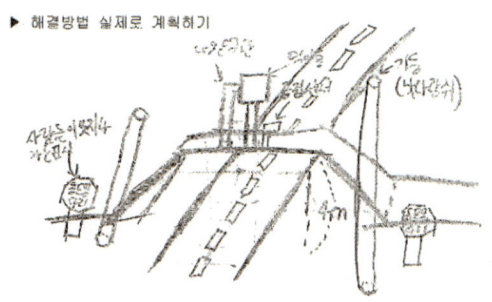

해결방법 계획하고 도면 그리기

WeDo 2.0 디자인 라이브러리 활용한 산출물 만들기

학생들은 동물들을 도울 방법을 실제로 계획한 후 레고® 에듀케이션 WeDo 2.0을 가지고 만들었다. 코딩은 WeDo 2.0 소프트웨어를 이용해 할 수 있다. 학생들이 WeDo 2.0을 활용한 수업은 이번이 5번째 시간으로 레고® 에듀케이션 WeDo 2.0의 기능을 다 알지는 못했다. 그럼에도 학생들은 작품을 만들기 위해 협력하였고, 디자인 라이브러리를 참고하여 산출물을 만들었다

### 라. 발표와 피드백

  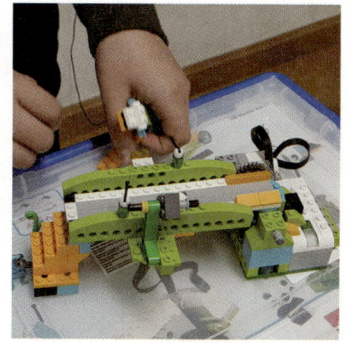

발표와 피드백

모둠원 안에서 만들어낸 프로토타입이므로 반 친구들에게 이야기를 들어보고 아이디어와 산출물을 수정하였다. 학생들은 자기가 생각한 아이디어에 대한 높은 자긍심을 가지고 있었다. 그래서 피드백에 민감하게 반응하고 친구들이 해주는 피드백에 부정적 태도를 지녀 피드백 시간에 분위기가 다소 무거워졌다. 그래서 다른 친구들의 피드백에 기분 상하지 않고 수용적 태도를 갖도록 지도했다.

학생들은 산출물에 대해 발표하고 다른 모둠의 의견을 들어보는 피드백을 했다. 상호평가는 그렇게 생각한 이유를 구체적으로 적어 수정·보완할 수 있도록 도와주는 과정이라고 설명했다. 학생들은 자기 생각에 갇혀 다른 의견을 들을 때 기분이 나쁠 수 있으므로 수용적인 자세로 받아들일 수 있도록 하였다. 또한 동료평가에서 평가지를 주었더니 장난치지 않고 진지하게 임했다.

| | 구분 | 평가항목 | 평점 | | |
|---|---|---|---|---|---|
| 1 | 독창성 | 이 산출물은 창의적인 아이디어를 제시하고 있다. 이 발명은 흔한 산출물은 아니다. | 0 | 1 | 2 |
| 2 | 발전가능성 | 산출물은 앞으로 새로운 아이디어들을 많이 시사해 주고 있다. | 0 | 1 | 2 |
| 3 | 변형가능성 | 이 산출물은 사람들로 하여금 새로운 방식으로 보거나 새롭게 생각하게 만들고 있다. | 0 | 1 | 2 |
| 4 | 적합성 | 이 산출물은 문제상황이나 의도하는 목적이 담고 있는 중요한 요구와 관심에 대하여 적합하게 반응하고 있다. | 0 | 1 | 2 |
| 5 | 적절성 | 이 산출물은 그럴 듯 해 보이며 목적이나 요구에 분명히 적절하다. | 0 | 1 | 2 |
| 6 | 논리성 | 이 산출물은 이 분야에서 인정하고 그리고 이해하고 있는 규칙에 맞게 만든 제품이다. | 0 | 1 | 2 |
| 7 | 유용성 | 이 산출물은 실제에 적용하여 사용할 수 있음이 분명하다. | 0 | 1 | 2 |
| 8 | 가치성 | 이 산출물은 장래의 사용자들이 가치 있고 중요한 것이라고 생각할 것이다. | 0 | 1 | 2 |
| 9 | 매력 | 이 산출물은 사람들의 주목을 받을 것이며 의도하는 사용자에게 먹혀들 것이다. | 0 | 1 | 2 |
| 10 | 복합성 | 이 산출물은 몇 가지의 상이한 요소, 부분 또는 사용 수준들을 포함하고 있다. | 0 | 1 | 2 |
| 11 | 우아함 | 이 산출물은 세련되어 있고 그리고 은밀하게 목적이나 목표를 표현하고 있다. | 0 | 1 | 2 |
| 12 | 표현력 | 이 산출물은 사람들이 쉽게 이해할 수 있으며 그것이 가지고 있는 목적과 강점을 효과적으로 전달하고 있다. | 0 | 1 | 2 |
| 13 | 유기적조직성 | 이 산출물은 전체성, 즉 완전하다는 느낌을 가지게 해주고 있다. | 0 | 1 | 2 |
| 14 | 기능적 솜씨 | 이 산출물에는 정성, 열성적인 노력, 그리고 세련된 솜씨 같은 것들이 드러나 보인다. 이것은 높은 수준의 성취라 말할 수 있다. | 0 | 1 | 2 |
| 합계 | | | /28 | | |

발명 평가서
(출처 : (2006) 서혜애 외 5명, 발명교육 내용 표준 개발, 특허청 한국교육개발원)

LEGO의 장점은 프로토타입을 쉽게 만들 수 있다는 것이다. 또 만들어 놓은 것을 분해하고 새로운 아이디어를 조립하는 데 좋다. LEGO 블록뿐만 아니라 프로그래밍도 수정하기 쉽도록 WeDo 2.0은 구성되어 있다. 그래서 학생들은 다른 친구들에게 받은 피드백을 쉽고 빠르게 수정·보완하였다.

마. 이야기 바꿔 쓰기

뒷이야기를 꾸미는 이유는 산출물에 대한 애착이 높아지기 때문이다. 또한, 산출물로 인한 결과를 상상해 볼 수 있기 때문이다. 학생들은 만들고 발표하고 수정·보완하는 활동까지만 진행한다면 자기의 산출물로 어떤 일이 일어날지 생각을 할 기회를 가질 수 없다. 그러므로 뒷이야기 꾸미기는 꼭 필요한 단계이다.

 평소 글쓰기에 두려움을 가지고 자기의 생각을 표현하기 어려워하는 학생들이 뒷이야기 꾸미기에 적극적으로 참여했었다. 우선 글밥이 많아졌고, 자기만의 상상의 나래를 펼치며 글을 썼다. 표현이 좋고 나쁨을 떠나서 적극적으로 참여해준 것에 대해 칭찬을 아끼지 않았다.

### ❸ 노벨 엔지니어링 돌아보기(수업 후)

#### 가. 수업에서 성장찾기

- 무분별한 도로 확장으로 인한 로드킬과 다양한 생태통로에 대해 이해하였는가?
- 학생 스스로 동물들 각각이 겪고 있는 문제를 찾고 해결책을 제시하였는가?
- 자신의 생각과 감정을 표현하고, 타인과 의견을 교환할 때 경청하고 존중하는 의사소통을 하였는가?
- 이야기의 재구성을 통한 작품의 이해와 작품의 가치를 내면화하였는가?
- 생태계 보전을 위한 노력과 동물과 인간의 공존하는 태도가 생겼는가?

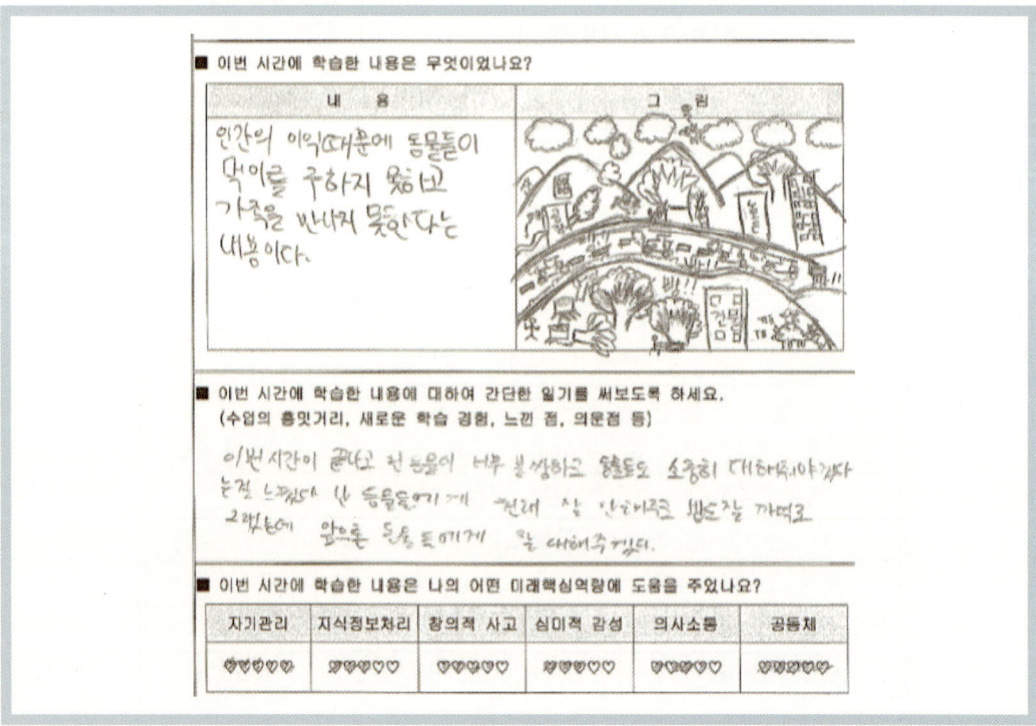

■ 이번 시간에 학습한 내용에 대하여 간단한 일기를 써보도록 하세요.
(수업의 흥밋거리, 새로운 학습 경험, 느낀 점, 의문점 등)

이번 수업은 상상하고 실제로 만들어본다는 것이 좋았습니다. 그리고 우리의 개발로 인하여 동물들이 길을 못 건넌다는 것도 안타깝니다. 그래서 우리가 최대한 동물들을 도와주기라도 해야한다는 것을 알았습니다. 하지만 저에게 남는 의문점은 '과연 이러한 방법들이 실현될 수 있나?'입니다.

이번 시간에 '인간이 만든 동물의 길, 생태통로'를 읽고 '동물들'의 입장에서 마주한 문제들을 생각하고 해결해보았는데 생각만 하지 않고 그리고 우드 2.0으로 직접 만들어 보니까 생각보다 재밌었고 감지센서가 없어서 아쉬웠다.

사람들에 목숨이 소중한 만큼 동물도 목이 소중하다는 걸 알게된 나는 동물들을 위해 더욱더 노력할것이다. 내가 동물들을 느끼고, 숨쉬게하는 기계장치를 만들수 있다는 생각이 기쁘다. 동물도 웃고살고 건강하면 좋겠다. 동물을 내가 도와주면 귀찮은것이아닌 꼭 해야되는것" 이라고 생각한다.

이야기들을 읽으면서 재밌었었고 동물들을 위해서 생태통로를 만드는 것도 옳다. 새로운 학습 경험이 있고 이야기를 들으면서 동물들은 도로 건너는 길이 힘들었겠다는것같다. 아까지는 배터리가 나가서 코딩 한것을 못보여드렸던게 안된게 죄송했다. 그런데 난 꾸미는데 좋아렸다-

평소에 로드킬을 당한 동물들을 보면 불쌍하고 안쓰럽기도해서 많이 우거웠는데 생태통로라는것을 알게되면서 생태통로가 더욱 많이 설치됐으면 좋겠다고 생각했다. 우리가 생태통로가 무엇인지 이론만 배운것이아니라 직접 만드니 더욱 흥미로웠다

자기 평가를 통해 학생들 스스로 무엇을 배웠고 앞으로 어떤 태도를 지녀야 할지에 대한 생각을 알 수 있었다. 수업을 통해 학생들은 로드킬의 심각성과 생태통로가 있음에도 문제가 계속 발생하고 있다는 것을 알게 되었다. 문제를 인식하고 해결방법에 대해 의견을 나누는 과정에서 의사소통 능력이 향상되었다. 학생들은 인간의 생명이 중요한 만큼 동물의 생명도 소중함을 알게 되고 상호 공존하는 방법을 생각하는 시간을 가졌다. 그리고 학생들은 만들고 뒷이야기를 꾸미는 것에 흥미로웠다고 이야기했다.

## 나. 수업을 돌아보며

협력학습하는 학생들 모습

수업의 목적은 독서교육과 소프트웨어(SW) 교육을 접목한 노벨 엔지니어링 수업을 활용하여 체계적인 메이커 교육 수업방안 마련에 있었다. 초등학교 6학년을 29명을 대상으로 노벨 엔지니어링 수업을 하였다.

학생들은 책 속에서 동물들이 겪은 상황을 자기의 문제로 인식하고 동물들의 문제를 공감함으로써 문제 상황를 내면화하였다. 문제를 해결하기 위해 토론하는 과정에서 학생들은 가장 많이 웃고 즐거워하였다. 친구들과 함께였다는 자체만으로 행복해 보였고 개인학습 때보다 교실이 살아 숨쉬는 것처럼 느껴졌다. 레고® 에듀케이션 WeDo 2.0을 가지고 산출물 만드는 활동을 할 때는 모두가 엔지니어가 된 것처럼 신중하게 LEGO를 만들고 프로그래밍하였다. 그 와중에도 이렇게 만들자 저렇게 만들자는 의견 교환의 모습이 활발하게 오고 갔고, 서로 자기가 만드는 것에 존중하면서 협력학습을 하였다.

학생들은 노벨 엔지니어링 프로젝트 수업에 적극적으로 참여한 자기평가와 관찰평가를 통해 간접적으로 창의적 문제해결력이 신장되었음을 알게 되었다. 또한, SW교육에 관심을 가지고 프로그래밍하는 과정에서 적극적으로 참여하고, 산출물을 만들어 문제를 해결하고 이를 통해 뒷이야기를 재구성함으로써 학생들은 성취감을 느꼈다. 문제해결과정에서 생태계를 보전하고 생태계와 공존하는 공동체 역량도 함양됨을 알 수 있었다. 학생들이 읽고, 생각하고 소통하며, 만들고 놀며, 그리고 상상하는 글쓰는 과정에서, 다양한 지식을 융합하여 새로운 가치를 창출할 수 있는 프로젝트였다. 학생들이 웃으며 행복해 하는 모습을 보며 준비하는 과정은 힘들었지만 보람된 프로젝트였다.

## 다. 궁금? 궁금!!!(Q&A)

**Q** **WeDo 2.0의 기능을 어느 정도 익혀야 노벨 엔지니어링 프로젝트를 할 수 있을까요?**

A. 노벨 엔지니어링 수업을 하기 전에 학생들은 4차시 분량의 수업을 했었다. '시작하기 프로젝트 파트 A, 과학탐사 차량 마일로'와 '시작하기 프로젝트 파트 B, 마일로의 동작 센서', '시작하기 프로젝트 파트 C, 마일로의 기울기 센서', '시작하기 프로젝트 파트 D, 협력'을 했었다.

WeDo 2.0 시작프로젝트 4차시

**Q. 책보다 교구에만 몰입하는 학생들은 없었나요?**

A. 학생들은 교구에 흥미를 보이고 적극적으로 참여했었다. 학생들이 흥미 위주의 수업에 집중하고 있을 때 학습목표를 상기시키며 교수학습하였다. 또한, 모둠활동이어서 학생들끼리도 목표의식을 가지고 수업에 참여해 학습목표를 달성할 수 있었다.

**Q. 레고® 에듀케이션 WeDo 2.0과 같은 비싼 교구가 없으면 어떻게 수업을 진행했나요?**

A. 소프트웨어교육 선도학교로 레고® 에듀케이션 WeDo 2.0이 학교에 구비되어 있었고, 소프트웨어교육을 접목한 노벨 엔지니어링 수업을 하기 위함이었다. 산출물을 만드는데 꼭 레고® 에듀케이션 WeDo 2.0일 필요는 없다. 산출물을 만드는데 재활용품, 우드락 클레이 등 학생들에게 익숙한 준비물을 제공한다면 다양한 산출물이 나올 수 있다.

**Q. 평가에서 학생 자기 평가를 넣은 이유는? 자기평가가 미치는 긍정적 역할은 무엇일까요?**

A. 노벨 엔지니어링은 책 속의 가치를 깨닫고, 협력하는 정의적 요소가 포함되어 있다. 인지적 요소와는 다르게 척도로 측정할 수 없음을 깨닫고 목표에 도달했는지를 알아보기 위해 스스로에게 물어보도록 하였다.

세월호의 아픔을 기억하며
# 세월호 인명 구조 작전을 펼쳐보자

## ✂ [노란 리본] 프로젝트 이야기

　매년 4월 16일이 되면 가슴 아픈 '세월호 사고'관련 추모 행사가 열린다. 2017년 4월 16일 학급에서 세월호 추모 행사를 끝내고 문득 스치는 생각이 '이렇게 추모만 할 것이 아니라 우리 아이들이 세월호 사건에 대한 문제점을 스스로 인지하고 적극적으로 해결해보는 학습도 필요하다'라는 것이었다.

　프로젝트 수업 대상이 초등학생이기 때문에 민감한 정치적인 문제는 제외하고 세월호 구조 방법에 초점을 맞추었다. 날씨나 조류 때문에 조난자 수색활동을 하지 못하고 심지어 구조·수색활동을 하던 분들이 목숨을 잃는 안타까운 일들에도 관심을 갖게 하고 싶었다.

　이 프로젝트에 대한 심도 있는 탐색과 구체적인 문제해결 방법을 찾기 위해 '노벨 엔지니어링'활동을 적용하였다. 2017년에 허가윤 학생의 노랫말로 지은 세월호에 관련된 '노란리본'이라는 도서가 있어 프로젝트의 책으로 선정하였다. 책의 내용 수준은 노랫말이라 어렵지 않았고 아이들도 알고 있는 내용이라 쉽게 이해할 수 있었다.

　우리 학교는 '창의융합 드론 동아리'활동으로 드론 조종, 드론 코딩, 피지컬 컴퓨팅 등을 2016년부터 실시하고 있다. 그로 인해 드론을 운영하는 아이들의 실력과 흥미도가 높기 때문에 문제해결 방법의 도구로 드론을 적극적으로 활용할 수 있게 설계하였다.

# 1 노벨 엔지니어링 준비하기 (수업 전)

## 가. 이런 프로젝트를 할 수 있어요

**책 읽기를 통해**
- 역사 바로 알기
- 슬픈 역사에 대한 공감
- 안전의 중요성
- 생명존중 교육

**엔지니어링 활동을 통해**
- 의사소통능력
- 문제해결능력
- 코딩드론 및 햄스터 활용 소프트웨어교육(알고리즘과 코딩)

## 나. 프로젝트 관련 성취기준

- [4도04-01] 생명의 소중함을 이해하고 인간 생명과 환경 문제에 관심을 가지며, 인간 생명과 자연을 보호하려는 태도를 가진다.
- [6음01-03] 제재곡의 노랫말을 바꾸거나 노랫말에 맞는 말붙임새로 만든다

이 프로젝트를 통해 학생들에게 길러주고 싶은 가장 큰 것은 '생명의 소중함'이다. 사고로 희생된 사람들과 실종된 사람들을 찾기 위한 작업 중 목숨을 잃은 사람들에 대한 안타까움을 느끼고 이를 해결해 나가는 문제해결력을 기르게 하기 위함이다.

## 다. 이런 변화를 원해요

- 세월호 구조에 문제점 찾기
- 세월호 인명 구조를 위한 해결책을 구조물로 만들고 구체적으로 설명하기
- 지금까지의 활동을 포함하여 이야기를 새롭게 바꿔 쓰기
- 이야기를 깊이 읽고 세월호 사건에 대한 아픔을 공감하기

## 라. 이렇게 준비해 보세요.

| 사용 교구 | 프로그램 | 도움 사이트 |
|---|---|---|
| <br>맘보 드론 | <br>Tynker(안드로이드) 앱 | https://bestmember10.blog.me/221262830642 |
| <br>코드론 | <br>로킷브릭 | 코드론 SW지원 사이트<br>http://robolink.co.kr/sw/index.html |
| <br>햄스터 | 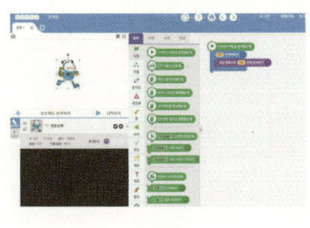<br>엔트리 | 햄스터 스쿨<br>http://hamster.school/ko/ |

PARROT 회사의 맘보 드론은 안드로이드 운영체제 기기의 'Tynker'앱으로 블록코딩이 가능하다. 부속품으로 집게가 달려있어 이를 이용하여 구조물을 떨어뜨린다거나 물체를 들어 올릴 수 있다. BB탄 발사가 되는 기능을 이용해 튜브를 떨어뜨리는 활동으로 활용할 수 있다.
 코드론은 '로킷 브릭' 프로그램으로 블록코딩이 가능하다. 크기가 작고 다양한 LED불빛을 낼 수 있는 기능을 이용하여 배 안을 탐색하며 조난자를 찾거나 위치를 알려주는 드론으로 활용하였다.
 요즘은 물속을 맘대로 돌아다닐 수 있는 수중드론이 있는데, 햄스터로 수중드론을 표현하였다. 물속을 다니다가 조난자나 익수자를 찾으면 불빛과 소리를 내어 구조센터에 위치를 전달하는 로봇으로 활용하였다.

## 마. 준비하는 팁

- 코딩 드론은 아직 움직임이 정확하지 않고 오차가 큽니다. 드론 움직임의 결과보다는 과정에 초점을 두는게 좋습니다.
- 학급 아이들이 좋아하거나 잘 쓰는 피지컬 도구를 활용하면 더욱 다양한 문제해결방법을 찾을 수 있습니다.
- 마지막 노랫말 바꾸어 부르기에 사용할 음악은 희망의 내용을 담은 노랫말을 위해 밝은 음악을 추천합니다.

## ② 노벨 엔지니어링 활동하기(수업 중)

### ✔ 수업 흐름 한 눈에 보기

#### 👣 한 걸음: 정성들여 책 읽고 느낌 나누기
- [노란 리본] 책을 읽고, 유튜브에서 노란리본 노래를 들어봅시다.
  (유튜브에서 '노란리본'을 검색하기)

#### 👣 두 걸음: 세월호 사건에 대한 문제점 찾기
- 세월호 인명 구조시 문제점을 찾아 이야기해 봅시다.

#### 👣 세 걸음: 문제해결 방법 찾기
- 세월호 사건 당시를 재구성하여 인명 구조 방법을 찾아봅시다.

#### 👣 네 걸음: 발표하고 피드백으로 개선하기
- 인명 구조 활동을 해 보고 개선할 점 나누어 봅시다.

#### 👣 다섯 걸음: 이야기 바꾸기
- 인명 구조 활동 내용을 바탕으로 노랫말을 만들어 노래해 봅시다.

## 가. 책 읽기

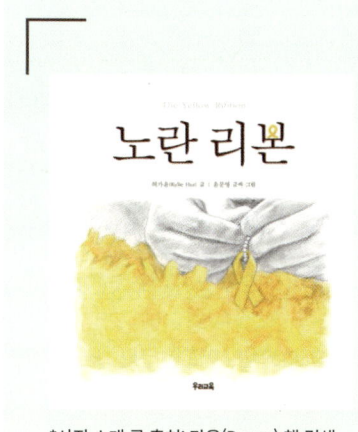

*사진·소개 글 출처: 다음(Daum) 책 검색

출판사: 우리교육

글: 허가윤 그림: 윤문영

『노란 리본』은 세월호 참사를 기억하며 고등학생인 허가윤 양이 노랫말을 쓰고, 작곡, 노래한 〈노란 리본(The Yellow Ribbon)〉을 그림책으로 만든 것이다. 학교에서 내준 과제로 무엇을 할까 고민하다가 2014년 참사를 떠올렸고, 자신이 그날의 친구들 또래가 되었음을 생각하며, 다시는 그들을 잊지 않겠다는 약속과 지켜주지 못한 것을 미안해하는 마음을 한 곡의 노래에 담아 직접 불렀다.

[관련 교과 및 영역]

도덕, 음악

책의 내용이 어렵지 않고 노랫말로 되어 있어서 교사가 직접 감정을 살려 읽어주었다. 첫 번째로 읽을 때에는 아무런 설명 없이 읽었고, 두 번째 읽을 때에는 한 소절씩 읽으며 그 안에 담긴 지은이의 생각에 대해 학생들과 이야기해 보았다. 그 후, 학생들과 인터넷에 올려져 있는 노란 리본 노래를 직접 들어보았다. 학생들이 세월호 사건에 대해 자세히 알지 못해서, 인터넷 영상을 찾아 당시 구조 상황과 배 안에서 구조를 기다렸던 아이들의 모습을 보여주었다.

교사가 직접 읽어주기

노란 리본 노래 유튜브로 듣기

## 나. 공감하고 문제 찾기

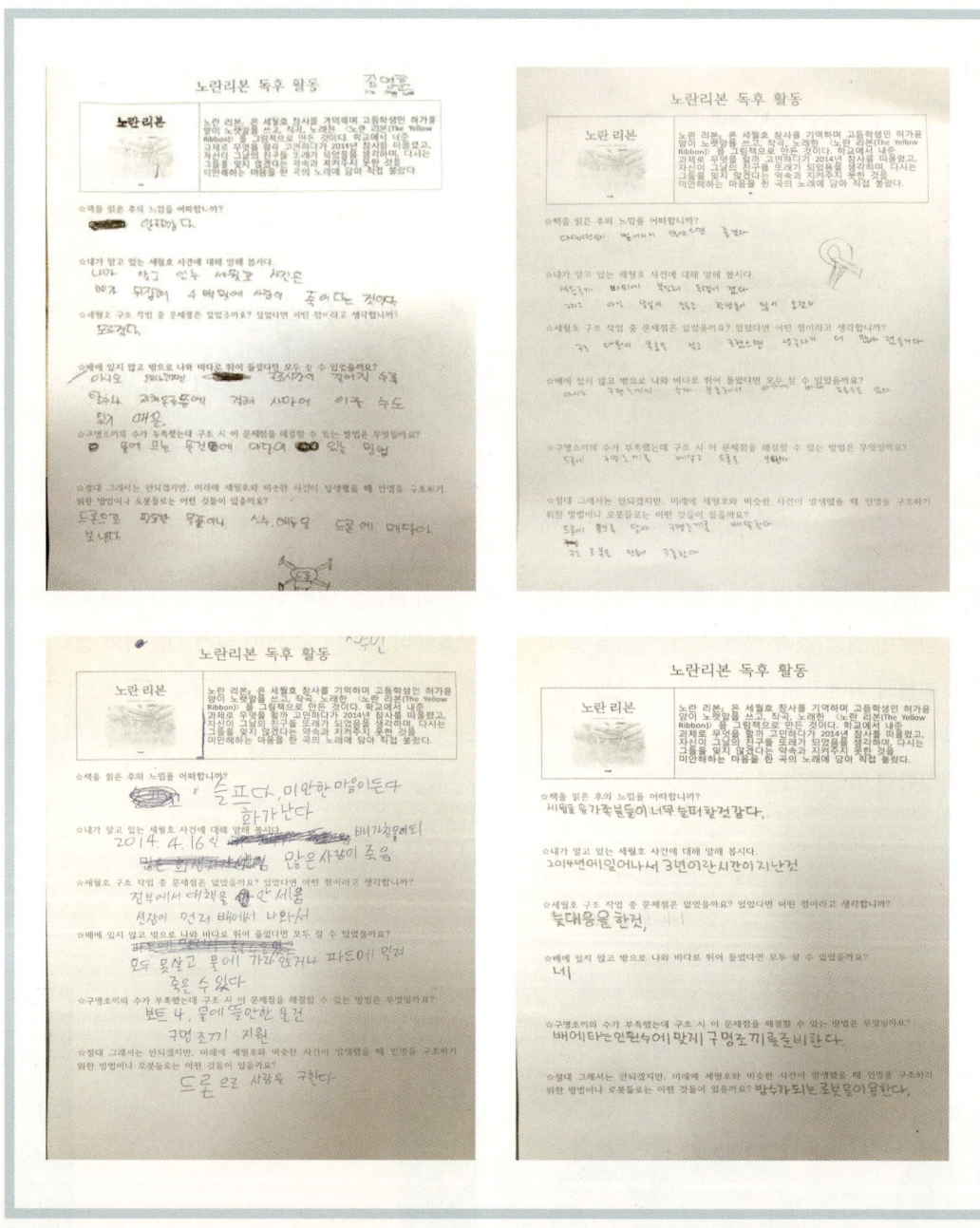

 책을 읽고, 영상을 본 후 질문지를 통해 학생들의 느낌과 세월호 사건에서 자신이 생각하는 문제점을 찾아보는 활동을 했다. 미래에 세월호와 비슷한 사건이 일어난다면 어떻게 인명을 구조할 수 있을지에 대해서도 생각해 보았다. '배 안에 있지 않고 밖으로 나와 바다로 뛰어들었다면 모두 구조할 수 있었을까?' 처럼 다양한 문제 상황을 제시하여 다양한 문제 해결 방법이 나올 수 있도록 질문지를 만들었다. 특히, 우리 학교 학생들이 잘 다룰 수 있는 로봇인 드론을 통해 해결할 수 있는 방법을 중점적으로 이야기하였다.

## 다. 공학적 문제 해결 방법 찾기

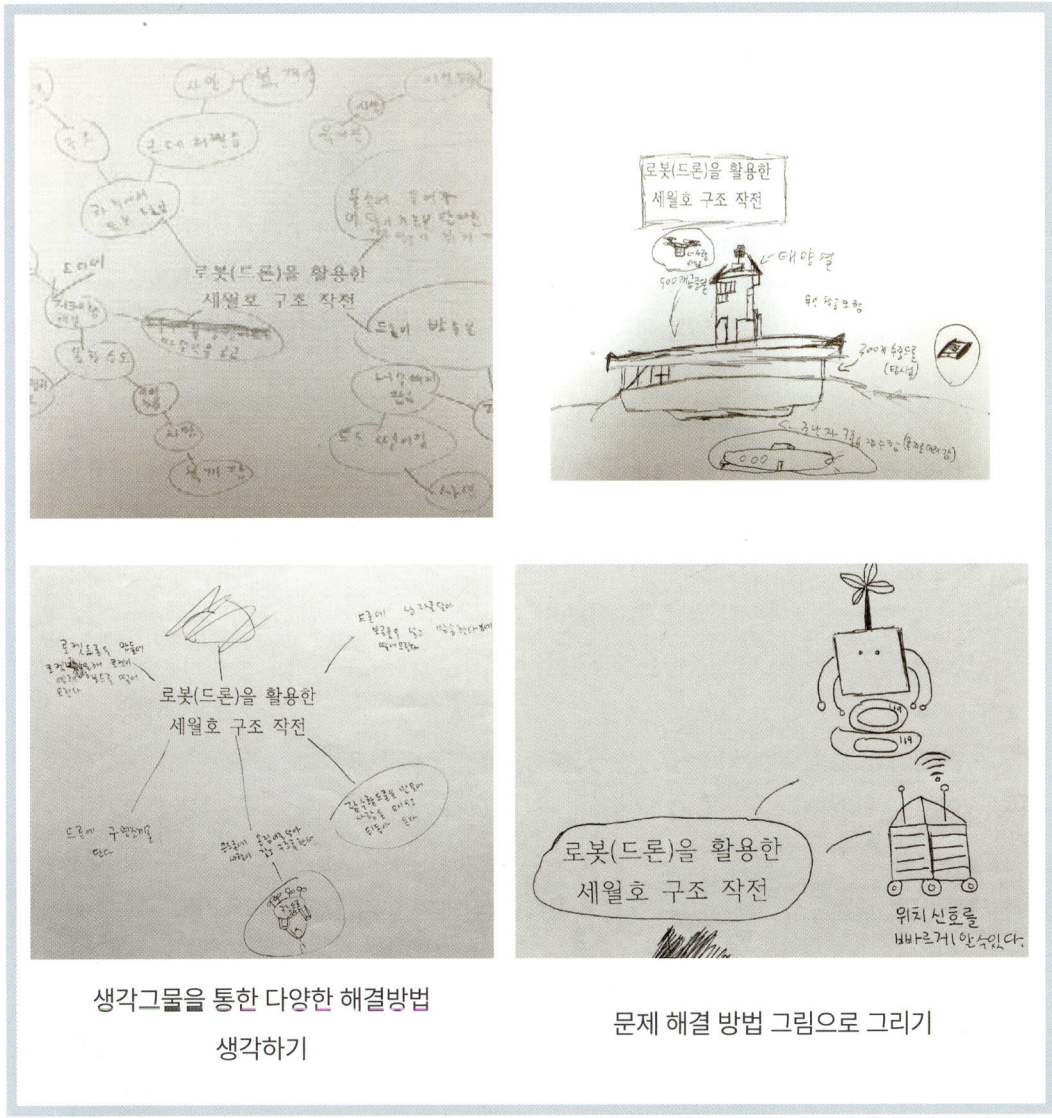

생각그물을 통한 다양한 해결방법 생각하기

문제 해결 방법 그림으로 그리기

 학생들이 질문지를 통해 찾은 문제점을 해결하기 위해 '로봇(드론)을 활용한 세월호 구조 작전'이라는 프로젝트를 계획하였다. 먼저 생각그물이나 그림 등으로 다양한 문제해결 방법을 제시하고 구체화하였다. 해결방법에 사용한 도구(로봇)는 동아리 활동 시간에 배운 코딩드론과 햄스터 로봇으로 한정하였다. 학생들이 다룰 수 있는 도구(로봇)가 다르더라도 특징을 살려 계획하면 같은 주제에 다른 수업이 될 것이다. 예를 들어, '기울기 센서를 활용하여 세월호의 기울기를 측정한다. 기울기가 정상 범위를 벗어나면 이를 인지해 알람을 울려 승객들에게 알리거나 중앙재난대책본부에 자동으로 연락이 갈 수 있게 한다.' 는 식으로 응용할 수 있다.

 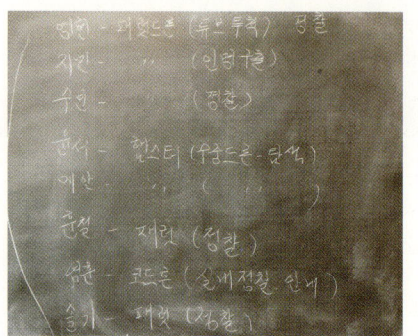

| 드론이 할 수 있는 구조 기능 생각 그물 | 역할 나누기 |

학생들은 세월호 구조작전을 위한 역할 분담을 위해 구조에 필요한 드론의 기능에 대해 이야기 나누면서 칠판에 정리하였다. 그리고 여러 드론 역할 중 자신이 맡고 싶은 드론을 정하였다.

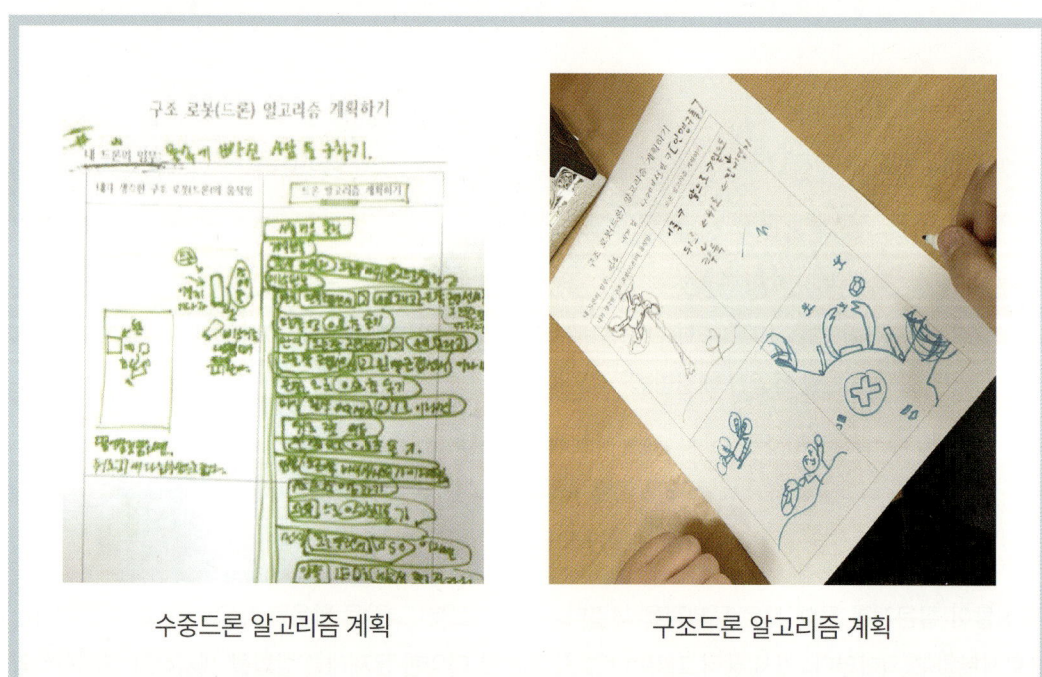

수중드론 알고리즘 계획  구조드론 알고리즘 계획

학생들은 역할을 나눈 후 자신이 맡은 드론의 임무 계획을 세우고 알고리즘을 설계하였다. 내가 생각한 드론의 움직임을 글이나 그림으로 구체화 시킨 후, 알고리즘으로 계획하였다. 블록코딩을 잘 하는 학생은 바로 블록 명령을 사용하여 짰고, 블록 코딩을 잘 모르는 학생들은 드론의 순차적인 움직임을 생각하며 알고리즘을 계획했다.

맘보 드론 'Tynker' 앱 코딩　　　　　　코드론 '로킷브릭' 프로그램 코딩

　학생들은 계획한 알고리즘을 바탕으로 코드론과 패럿 드론을 제어할 수 있는 프로그램인 '로킷브릭'과 'Tynker'를 활용하여 직접 프로그램을 만들며 역할에 맞는 드론의 움직임을 설계하였다.

코딩한 드론 시연하기　　　　　　　　수중 드론 시연

　자신이 계획한 블록코딩이 제대로 시연되는지 확인하고 프로그램을 수정하며 처음에 계획한 움직임과 가장 비슷한 프로그램을 만들었다.
　정찰드론, 구조드론, 수중드론, 마이크로드론팀으로 나누어 드론의 움직임을 최적화시켰다. 마지막에는 세월호가 구조신호를 보내옴 → 정찰 드론 출동 → 구조 드론 출동 및 구조작업 → 수중드론 및 미니드론 출동하여 구조작업의 순으로 스토리를 만들어 프로젝트를 완성하였다.

## 라. 발표와 피드백

> 책을 읽고 세월호 인명 구조의 어떠한 어려움에 공감했나요?

- 안에 있던 학생들 밖으로 빠져 나오지 못한 부분이 안타까웠습니다.
- 세월호 실종자들을 구조하던 구조사분들이 목숨을 잃은 것이 아쉬웠습니다.
- 배가 침몰하고 여러 가지 문제로 사람이 배안으로 들어가지 못하는 어려움이 아쉬웠습니다.

> 세월호 인명 구조의 문제점을 해결하기 위해서 어떠한 노력을 했나요?

- 드론을 활용하여 사람을 직접 구조하거나 구명 튜브를 투척하는 방법을 생각했습니다.
- 수중드론을 이용하여 물속에 빠진 사람을 구하거나 위치를 파악할 수 있습니다.
- 크기가 작은 자율 주행 드론들이 배안을 탐색하고 탈출을 도울 수 있습니다.

> 로봇(드론)의 움직임이 인명구조에 적합하게 작동 하나요? 만들 때 어떤 어려운 점이 있었나요?

- 배 안을 탐색할 수 있는 작은 드론을 표현하기가 힘들었습니다.
- 드론에서 투척한 구명 튜브가 조난자에게 정확하게 가지 않을 때가 있었습니다.
- 감시 드론이 구조하지 않고 그냥 떠 있는 것이 비효율적인 것 같습니다.

> 좀 더 효율적으로 인명구조를 하기 위해 추가하거나 수정해야 할 부분은 어떤 점인가요?

- 드론에서 구명 튜브를 투척하고 바로 구조센터로 돌아갔었는데, 구명 튜브를 투척 후 조난자를 찾는 활동으로 수정하였습니다.
- 감시 드론에게도 구조할 수 있는 기능을 넣어 감시하다가 조난자 발견 시 바로 구조할 수 있도록 수정하였습니다.

'세월호 구조 작전' 시연 후 먼저 역할이 같은 구조 드론 학생들끼리 모여 수정할 부분을 토의 한 후, 모두 함께 모여 전체적인 순서와 역할의 변화에 대해서 이야기 나누었다. 코딩 드론의 기능이 단순하기 때문에 표현하지 못하는 동작이나 역할 수행은 불빛의 변화나 학생의 설명으로 대체하는 것으로 하였다.

## 마. 이야기 바꿔 쓰기

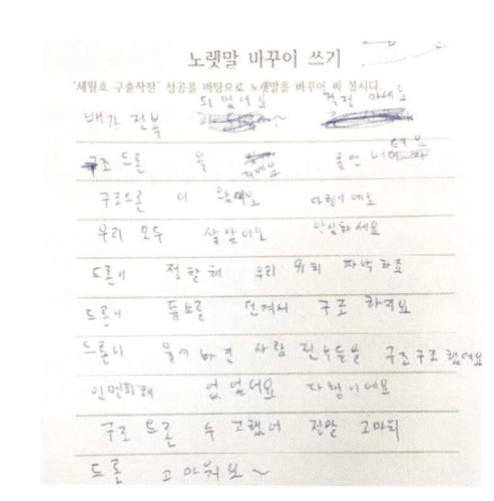

'사랑해요 이 한 마디' 동요로
노랫말 바꾸어 쓰기

노래 부르기

노랫말로 쓰여진 책이므로 학생들에게 친숙한 동요를 선정해 노랫말을 바꾸었다. 원곡은 슬프고 그리움이 묻어나는 분위기지만 바꾸어 부르는 노래는 밝고 희망적인 느낌이 드는 '사랑해요 이 한마디' 동요로 선정하였다. 노랫말 내용은 학생들이 구조 드론의 역할을 나누고 임무를 수행한 내용을 담도록 하였다. 그랬더니 자신이 직접 생각하고 문제에 대한 해결 방법을 정해서인지 아주 구체적으로 제시하였다.

## 3 노벨 엔지니어링 돌아보기 (수업 후)

### 가. 수업에서 성장 찾기

수업 전과 비교하여 수업을 통해 어떤 성장(발전)이 이루어졌는지 살펴보면 프로젝트 초반 학생들에게 안내했던 평가 기준에 비추어보게 되었다. 프로젝트를 통해 학생들은 과연 어떤 성장을 보여 주었을까?

- 이야기를 깊이 읽고 세월호 사건에 대한 아픔을 공감했는가?
- 세월호 구조의 문제점에 대해 생각했나요? 왜 그게 문제라고 생각했는가?
- 세월호 인명 구조를 위한 해결책을 구조물로 만들고 구체적으로 설명하였는가?
- 지금까지의 활동을 포함하여 이야기를 새롭게 바꿔 썼는가?

평소 말수가 적고 학업에 관심이 적은 ○○○학생은 자신이 관심 있어 하고 잘하는 드론을 활용하여 문제를 해결해 나가는 과정을 아주 재미있어 했고 적극적으로 참여하였다. 자신이 생각한 문제해결 방법을 실행하기 위해 여러 번에 걸쳐서 알고리즘을 수정하였고 마지막 결과물에 만족하는 모습을 보였다.

코딩 수업을 싫어하는 ○○○학생도 막연히 코딩을 하는 것이 아닌 세월호를 구출할 수 있는 방법을 찾는 활동을 통해 나중에 세월호 같은 사건이 일어났을 때 정말로 드론을 활용해서 구조하고 싶다는 생각을 말하며 즐겁게 노벨 엔지니어링 활동을 하였다.

짧은 글도 쓰는 걸 어려워하던 학생들이 노랫말 가사에 자신들의 구조드론의 역할을 넣어 개사하는 모습에 노벨 엔지니어링 수업이 음악 수업에도 활용될 수 있다는 것을 확인하였다.

### 나. 수업을 돌아보며

'노란 리본' 도서를 활용한 노벨 엔지니어링 활동을 통해 우리 학생들이 사회 문제에 관심을 갖고 적극적인 문제해결방법을 생각해보는 기회를 주고 싶었다.

'세월호 구조'라는 문제를 해결하기 위해 자신이 생각한 방법과 친구들의 해결 방법을 비교하거나 때로는 협력하는 모습이 보였다. 코딩과 시연, 피드백을 여러 번 반복하면서 처음에 제시했던 의견보다 개선된 의견이 나오기 시작했다. 마지막 노랫말 바꾸어 쓰기에서 아이들이 얼마나 이 프로젝트 학습에 집중했는지 알 수 있었다.

드론이 3차원 움직임이고 아직 정확한 움직임을 보여주지는 못했지만 드론이라는 새로운 기계로 미래의 모습을 그려보았다는 것에 의미를 두고 싶다.

아쉬운 점은 학생들이 잘 알고 좋아하는 드론으로 한정한 것이 오히려 학생들의 사고의 범위를 제한하지 않았나 하는 생각이 든다. 다양한 피지컬 교구를 사용한다 거나 꼭 로봇이 아니더라도 상자나 골판지를 활용하여 자신의 생각을 좀 더 자유롭게 펼쳐보면 좋을 것 같다.

### 다. 궁금? 궁금!!!(Q&A)

**Q** 드론을 교과에 활용하는 것이 어렵습니다. 해 오신 수업 중 드론을 활용한 수업을 추천해 주실 수 있을까요?

A: 드론의 촬영 기능을 이용하여 2학년 통합 '학교 주변 살펴보기', 3·4학년 지역 교과서에 나오는 다양한 지역의 모습을 드론의 영상, 사진, VR 자료를 만드는 활동 이나 만들어서 활용할 수 있습니다.

**Q** 드론 활용 교육에서 안전사고 예방은 어떻게 준비해야 하나요?

A: 처음 드론을 접할 때부터 드론의 위험성을 알려주고 절대 장난으로 대하면 안되는 물건으로 교육을 해야 합니다. 기본적인 드론 조작 방법도 숙지해야 합니다. 장소가 협소하거나 사람이 많은 곳은 피하고, 필요시에는 보호 안경을 쓰는 것이 좋습니다.

**Q** 드론을 통해 수업을 할 수 없다면 어떤 수업디자인을 했을지 궁금합니다.

A: 드론을 이용한 수업은 '구조'에 초점이 이루어졌는데 다른 교구를 사용한다면 '예방'에 초점을 두고 싶습니다. 기울기 측정이 가능한 센서를 배에 달아 기울어지기 시작할 때 바로 기울어진 만큼 반대쪽으로 잡아주는 방법을 찾을 수 있겠습니다. 충격에도 강한 배를 만드는 메이커 수업도 해 보고 싶습니다.

곤충들이 배추흰나비 알을 위협해요.
# 배추흰나비 알 보디가드 프로젝트

### ✔ [배추흰나비 알 100개는 어디로 갔을까?] 프로젝트 이야기

　2015개정교육과정 국어과와 전 교육과정의 가장 큰 차이는 '한 학기 한 권 읽기' 활동이다. 교사는 책 선정부터 운영 기간, 운영 방식까지 자율성을 보장받으며 수업할 수 있기 때문이다. 또 다른 교과와 주제 통합 수업으로 학생들에게 융합적인 사고를 길러줄 수 있다는 점이 매력적이다. 이 점이 노벨 엔지니어링 수업의 장점과 일맥상통하기에 프로젝트 수업을 계획하였다.
　'한 학기 한 권 읽기'는 3학년부터 시작되지만 2학년들부터 실행해보고 싶다는 생각이 들었다. 결국 통합교과(봄) 내용을 동화책 수업으로 실시하였다. 학교 독서 행사로 작가와의 만남을 계획하고 있어서 선생님들께 프로젝트 이야기를 말씀드리고 '배추흰나비 알 100개는 어디로 갔을까?'작가를 모셨다. 행사 전부터 책에 대한 느낌을 간단한 그림으로 그리고 소감 및 작가님에게 질문하고 싶은 내용도 정리했다. 덕분에 학생들이 책에 대한 이해도와 관심도가 높아질 수 있었고, 배추흰나비 알을 가져오신 작가님 덕분에 관찰할 수 있는 기회까지 가질 수 있었다.
　수업은 동화책 속 그림을 통해 2학년 수학의 곱셈 단원을 중심으로 진행했다. 100개의 알부터 살아남은 애벌레와 번데기의 수가 그려져 있어서 있어 '묶어 세어 덧셈을 곱셈으로 만들기' 활동에 적합하다 생각했기 때문이다.
　노벨 엔지니어링 수업을 진행할 때 코딩부분에 사용한 로봇은 '햄스터'와 '알버트'였다. 저학년은 컴퓨터를 잘 사용하지 못하기 때문에 스마트기기 블록 코딩 어플 '로보이드'와 '스택'을 활용하였다. 이 활동은 저학년이거나 소프트웨어교육을 처음 접하는 학생들도 쉽고 재미있게 활동할 수 있는 조합이다.
　제시된 프로젝트 수업은 2학년 국어, 통합(봄), 수학 교과를 통합하여 운영하였다. 이와 다르게 3학년 과학, 국어 교과를 통합하여 수업하여도 본 수업과 마찬가지로 학생의 문제해결력과 창의력을 높이는 수업 될 것이라고 생각한다.

## 1 노벨 엔지니어링 준비하기 (수업 전)

### 가. 이런 프로젝트를 할 수 있어요

**책 읽기를 통해**
- 2학년 통합(봄) 단원 연계활동
- 생명의 소중함
- 배추흰나비의 한살이
- 생태계 이해

**엔지니어링 활동을 통해**
- 의사소통능력
- 문제해결능력
- 코딩드론 및 햄스터 활용 소프트웨어교육(알고리즘과 코딩)

### 나. 프로젝트 관련 성취기준

- [2수01-11] 곱셈구구를 이해하고, 한 자리 수의 곱셈을 할 수 있다.
- [2바02-02] 봄에 볼 수 있는 동식물을 소중히 여기고 보살핀다.
- [4과10-02] 동물의 한살이 관찰 계획을 세우고, 동물을 기르면서 한살이를 관찰하며, 관찰한 내용을 글과 그림으로 표현할 수 있다.
- [4도04-01] 생명의 소중함을 이해하고 인간 생명과 환경 문제에 관심을 가지며 인간 생명과 자연을 보호하려는 태도를 가진다.

이 프로젝트를 통해 학생들에게 길러주고 싶은 영역은 '자연과 생명에 대한 존중'이다. 작은 생명의 탄생시키기 위해서도 많은 위험과 노력이 필요하다는 것을 느끼고 자연과 생명을 소중히 여기는 마음이 길러지기를 기대한다.

## 다. 이런 변화를 원해요

- 생명을 존중하는 마음가짐 갖기
- 배추 흰나비 알을 보호하기 위한 해결방안 구체적으로 설명하기
- 지금까지의 활동을 포함하여 이야기를 새롭게 바꿔 쓰기

## 라. 이렇게 준비해 보세요.

| 사용 교구 | 프로그램 |
|---|---|
| <br>알버트<br>출처: 알버트 코딩스쿨 | <br><br>로보이드, 스텍 앱<br>출처: 구글 플레이 검색 |
| <br>햄스터<br>출처: 로보메이션 | <br><br>로보이드, 스텍 앱<br>출처: 구글 플레이 검색 |

알버트와 햄스터 로봇은 블록코딩 프로그램인 엔트리로 가능하지만 스마트기기 앱인 '로보이드'와 '스택'으로 프로그래밍을 할 수 있다. 학생들에게 익숙한 스마트패드를 이용하여 저학년까지 사용할 수 있고, 컴퓨터실에 가야하는 번거로움 없이 교실 안에서 바로 수업이 가능하다.

알버트 로봇은 초등학교 취학 전 아동과 초등학교 저학년 아이들이 쉽게 사용할 수 있도록 만들어졌고, '스택카드'를 이용하여 컴퓨터 없이도 간단한 동작 코딩이 가능하다. 목소리를 녹음하여 재생할 수 있는 기능이 있어 배추흰나비 알을 위협하는 곤충들에게 경고 방송을 하는 용도로 사용하였다.

## 마. 준비하는 팁

- 배추흰나비 한살이를 직접 관찰하고 마지막 수업에 배추흰나비를 날려 보내는 활동으로 마무리 할 수 있습니다.
- 다른 곤충들이 배추흰나비 알과 애벌레를 먹거나 그 속에 알을 낳는 이유도 생각할 수 있는 기회를 주면 생명존중 교육을 더욱 심도 있게 할 수 있습니다.

## 2 노벨 엔지니어링 활동하기(수업 중)

### ✔ 수업 흐름 한 눈에 보기

**한 걸음: 다양한 방법으로 책 읽기**
- [배추흰나비 알 100개는 어디로 갔을까?] 책을 읽어 봅시다.
- 수학(곱셈구구) 공부를 해 봅시다.
- 작가에게 궁금한 점 질문하고 이야기를 들어봅시다.

**두 걸음: 책 내용의 문제점이나 아쉬운 점을 찾고 느낌 나누기**
- 배추흰나비 알과 애벌레가 줄어들 때마다 어떤 느낌이 들었나요?

**세 걸음: 문제해결 방법 찾기**
- 배추흰나비 알과 애벌레를 보호하기 위한 방법을 찾아봅시다.

**네 걸음: 발표하고 조언 받고 더 좋게 개선하기**
- 배추흰나비 알과 애벌레 보디가드 로봇을 만들어 봅시다.

**다섯 걸음: 이야기 바꾸기**
- 배추흰나비 보호 작전을 통한 이야기 바꾸어 쓰기를 해 봅시다.

## 가. 책 읽기

출판사: 길벗어린이
글/그림: 권혁도

우리 주변에서 가장 흔히 볼 수 있는 배추흰나비는 애벌레로 지내면서 다른 곤충의 먹잇감이 되기도 하고, 벌들에게 기생을 당하고, 농작물을 망치는 해충으로 사람들 손에 죽기도 합니다. 반면, 나비가 되어서는 꽃가루를 옮겨 주어 식물의 번식을 돕는 중요한 역할을 합니다. 이처럼 배추흰나비는 알을 많이 낳고, 최소한으로 살아남아 다음 생명을 이어 갑니다. 《배추흰나비 알 100개는 어디로 갔을까?》는 자연의 순리대로 살아가는 배추흰나비의 한살이를 통해 생태계의 원리를 독특하고 입체적인 방식으로 이해하도록 도와줍니다.

[관련 교과 및 영역]
통합(봄), 수학, 과학, 국어

*사진·소개 글 출처: 네이버 책 검색

배추흰나비의 한살이를 작가가 직접 세밀화로 그린 책으로 단순한 동물 성장 그림책이 아닌 생태계의 원리를 알고 그 속에서 생명의 소중함을 깨달을 수 있는 내용으로 구성되어 있다. 2학년 통합(봄) 수업, 3학년 과학 '동물의 한살이'이와 아주 관련이 많은 내용으로 수업에 활용할 만하다.

여러 번에 걸쳐서 책을 읽었는데 처음 읽을 때에는 아이들이 자유롭게 읽을 수 있게 하고 어떤 내용인지 간단히 응답하는 활동을 하였다.

책 읽기 활동

## 수학(곱셈구구) 수업하기

 책의 내용이 처음에 100개였던 알이 잡아먹히거나 기생당하면서 숫자가 줄어드는데, 남은 수 만큼의 애벌레나 번데기가 그려져 있어 이것을 묶어 세는 활동으로 2학년 '곱셈구구'의 묶어세어 덧셈, 곱셈으로 나타내는 활동을 하였다.

책의 내용과 그림을 활용한 2학년 수학 '곱셈구구' 활동

## 작가와의 만남으로 궁금한 점 질문하고 이야기 듣기

학교 독서 행사(작가와의 만남)

 학교 독서 행사로 '배추흰나비 100개는 어디로 갔을까?'의 저자인 권혁도 작가를 모셔서 책에 대해 궁금했던 점들을 물어보고 직접 배추흰나비 알을 관찰하면서 책에 대한 심도 있는 탐구를 하였다.

## 나. 공감하고 문제 찾기

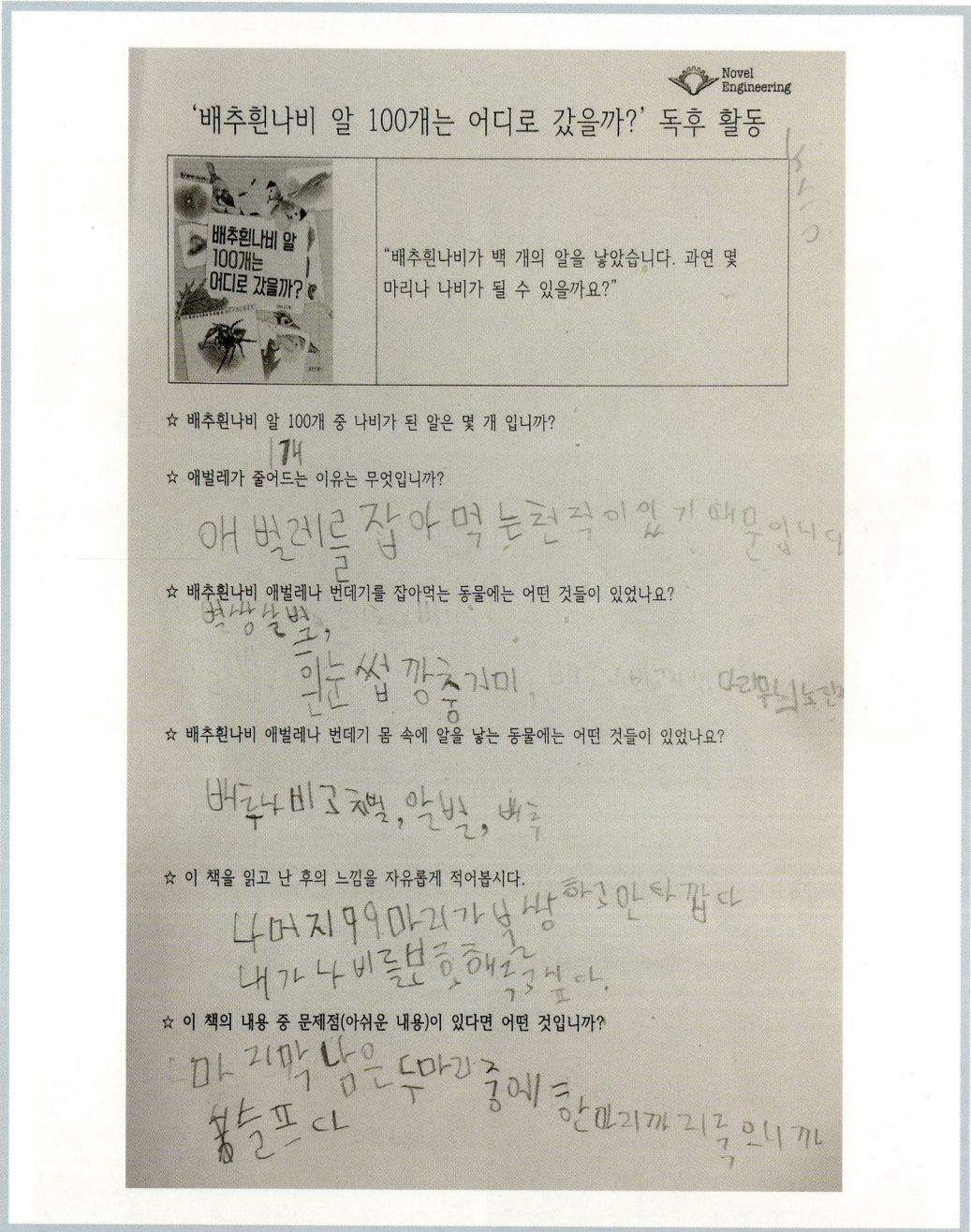

책을 읽고, 내용 파악 및 느낀 점을 나누는 활동을 하였다. 애벌레가 줄어드는 이유, 배추흰나비를 잡아먹는 동물들, 배추흰나비 애벌레나 번데기 몸속에 기생하는 동물들을 알아보았다.

책을 읽고 난 후의 느낌 나누기에서는 '배추흰나비 알과 애벌레, 번데기들이 잡아먹히거나 기생당하는 것이 불쌍하고 안타까웠다.' '보호해 주고 싶다.'라는 내용이 많았다.

## 다. 공학적 문제 해결 방법 찾기

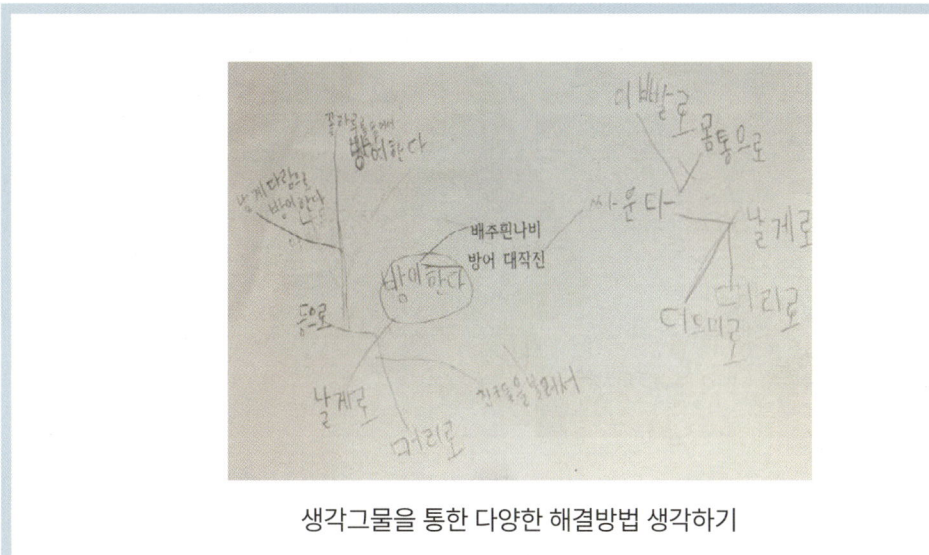

생각그물을 통한 다양한 해결방법 생각하기

질문지를 통해 찾은 문제점을 해결하기 위해 '배추흰나비 방어 대작전'이라는 프로젝트를 계획하고 먼저 생각그물이나 그림 등으로 다양한 문제해결 방법을 제시하고 구체화 하였다. 이 단계에서는 공학적인 문제 해결뿐만 아니라 자신이 생각하는 배추흰나비 보호 방법을 모두 적어보았다.

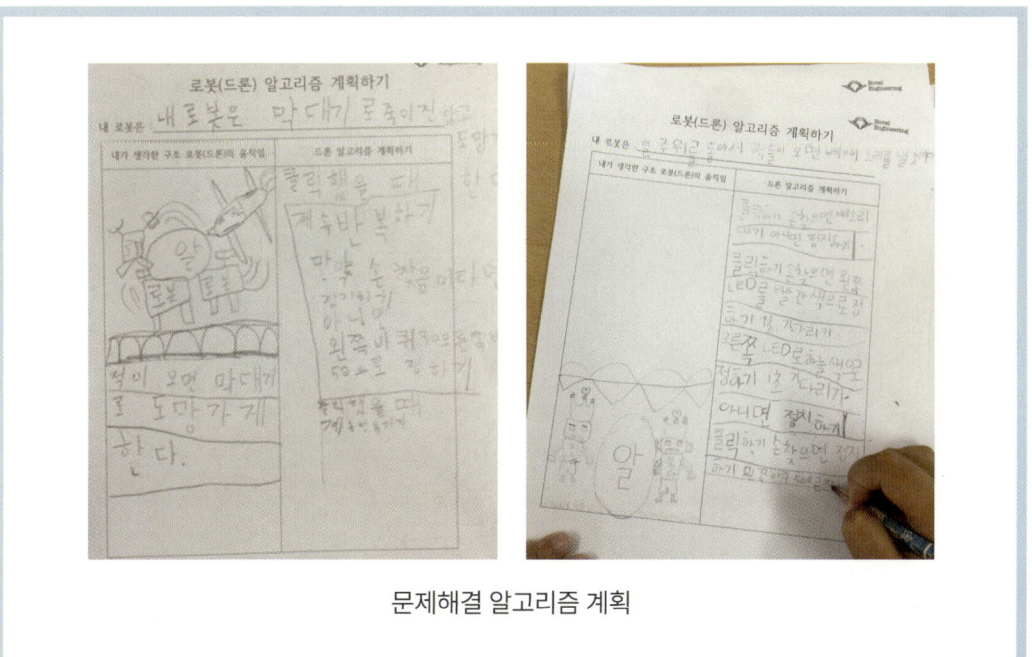

문제해결 알고리즘 계획

64

마인드맵에서 적은 내용을 바탕으로 자신의 로봇의 역할을 정하고 어떻게 움직일지에 대해 그림으로 그려보고 알고리즘(순서)을 써 보았다.

알버트 로봇 코딩

햄스터 로봇 코딩

계획한 알고리즘을 바탕으로 자신의 로봇 역할에 맞는 움직임을 코딩하였다. 가장 많이 사용한 기능은 근접센서를 이용하여 배추흰나비를 위협하는 곤충들이 근처에 왔을 때 소리를 내거나 LED를 깜빡이게 하는 것이었다.

## 라. 발표와 피드백

문제해결방법 발표하기

배추흰나비를 보호하기 위한 방법을 로봇으로 시연하며 발표하였다. 바퀴가 달린 로봇이다보니 움직이면서 감시를 하다가 곤충이 다가오면 경고소리를 내거나 LED 색을 바꾸어 가며 위협하는 방법을 많이 사용하였다. 알버트 로봇을 선택한 학생은 녹음기능을 이용하여 자신의 목소리로 '저리가! 가까이 오면 가만 안 둔다.'등의 경고 방송을 만들어 사용하기도 하였다.

발표 후에는 서로 궁금한 점에 대해 질의응답 시간을 가졌고 개선 방향에 대해 이야기 하였다.

### 책을 읽고 어떠한 어려움에 공감했나요?

- 배추흰나비 애벌레가 잡아먹히는 것이 안타까웠습니다.
- 알이 100개였는데 1마리만 배추흰나비가 되어 날아간 것이 아쉬웠습니다.
- 배추나비고치벌 유충이 배추흰나비 애벌레 안에서 나올 때 너무 슬펐습니다.

### 배추흰나비 애벌레가 줄어드는 문제점을 해결하기 위해서 어떠한 노력을 했나요?

- 거미가 가까이 오면 경고음을 내어서 달아나게 하였습니다.
- 배추흰나비 애벌레 주위를 돌면서 감시하게 하였습니다.
- 곤충이 가까이 오면 막대기를 휘둘러서 달아나게 하였습니다.

### 로봇의 움직임이 계획한 대로 작동 하나요? 만들 때 어떤 어려운 점이 있었나요?

- 막대기를 휘두르는 표현이 어려워 알버트 로봇에 막대기를 달아서 휘두르는 것으로 표현했습니다.
- 곤충들이 배추흰나비를 여러 방향에서 공격해 오는데 로봇 한 대로 방어하기는 어렵다고 생각했습니다.

### 좀 더 효율적으로 배추흰나비를 지키기 위해 추가하거나 수정해야 할 부분은 어떤점인가요?

- 로봇 한 대가 지키기 보다는 여러 대의 로봇이 함께 지키면 효율적인 것 같습니다.
- 로봇 앞, 뒤, 좌, 우에 모두 카메라를 설치하면 좋겠습니다.

여러 로봇이 함께 지키기

로봇에 앞,뒤,좌,우 카메라 설치하기

 발표와 피드백 활동에서 나온 의견을 바탕으로 문제해결방법을 수정하였다. 로봇 하나가 지키기 보다는 여러 로봇이 함께 지키는 것이 좋겠다는 의견에 대한 수정으로 배추흰나비를 중심으로 여러 로봇이 주위를 돌다가 곤충이 나타나면 멈춘 상태에서 경고음과 경고 LED를 깜빡거리게 하였다.
 로봇이 모든 방향을 볼 수 있게 하자는 의견에 대한 수정으로 햄스터 로봇위에 레고 사람 블록을 전, 후, 좌, 우로 끼워 카메라를 단 것으로 표현하였다.

## 마. 이야기 바꿔 쓰기

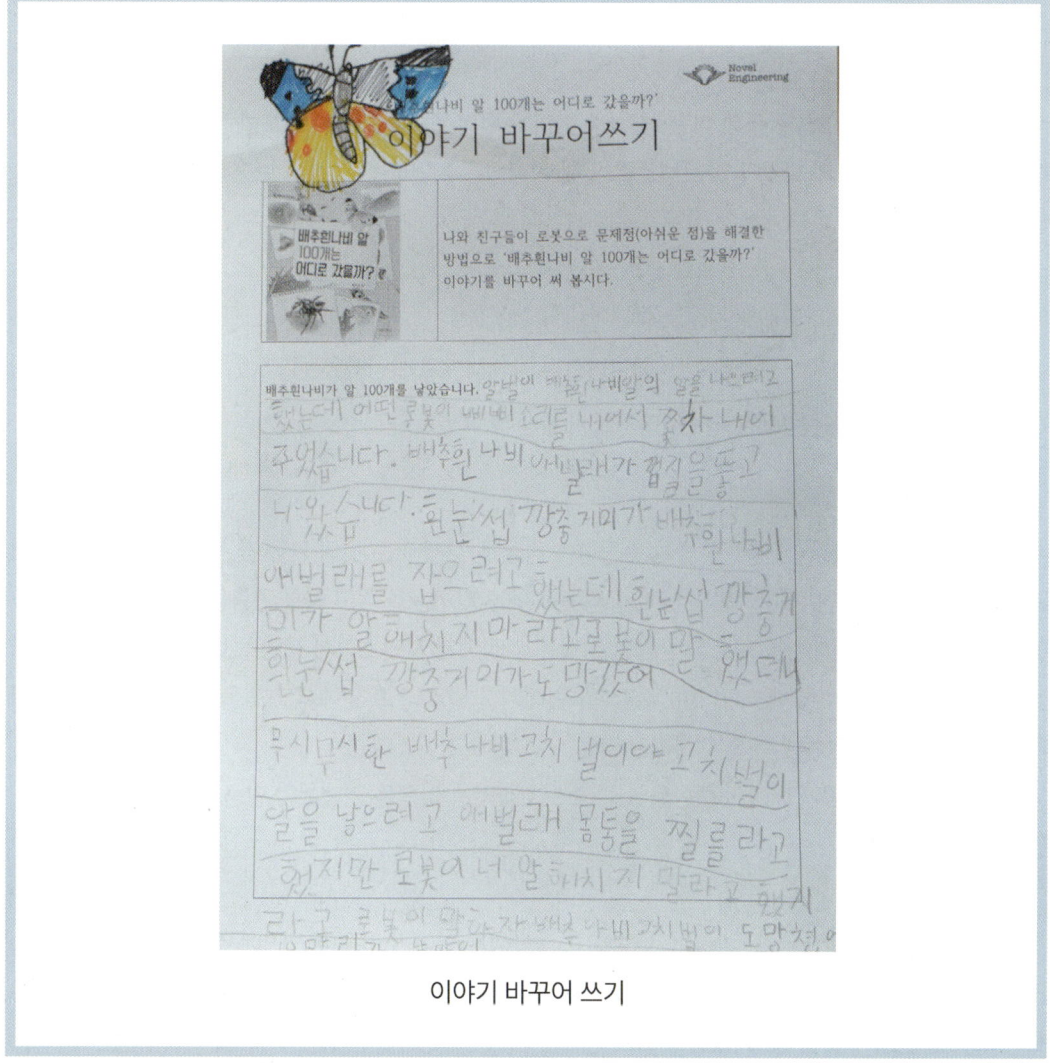

이야기 바꾸어 쓰기

 책을 읽고 발표와 피드백까지 한 활동을 바탕으로 이야기 바꾸어 쓰기 활동을 하였다. 배추흰나비를 보호한 것이 로봇이라고 쓴 학생도 있었지만, 자신들이 코딩한 로봇을 배추흰나비를 도와주는 다른 곤충으로 표현한 학생도 있었다.
 이야기를 바꾸어 쓰기 전에 '왜 곤충들은 배추흰나비 애벌레를 잡아먹거나 그 안에 알을 낳아 기생하는 걸까?'라는 질문을 하였다. '다른 곤충들도 살기 위해서'라는 대답이 자연스럽게 나왔다.
 이야기의 결말에 배추흰나비가 된 숫자가 20~30마리 정도로 생각보다 많지 않아 아이들에게 '왜 배추흰나비가 30마리밖에 되지 않았어?'라고 물었을 때 '다른 동물들도 먹고 살아야지요.'라고 대답하였다. 저학년이지만 자연(생태계)이 유지되기 위해서는 어쩔 수 없이 어떤 동물은 다른 동물의 먹이가 될 수밖에 없다는 것을 이해한 것 같다.

## 3 노벨 엔지니어링 돌아보기 (수업 후)

### 가. 수업에서 성장 찾기

수업 전과 비교하여 수업을 통해 어떤 성장(발전)이 이루어졌는지 프로젝트 초반 학생들에게 안내 했던 평가 기준에 비추어보게 되었다. 프로젝트를 통해 학생들은 과연 어떤 성장을 보여주었을까?

- 생명을 존중하는 마음을 가졌는가?
- 배추흰나비 알을 보호하기 위한 해결방안을 구체적으로 설명하였는가?
- 지금까지의 활동을 포함하여 이야기를 새롭게 바꿔 썼는가?

이번 프로젝트를 통해 학생들이 생명을 존중하는 마음을 갖게 하는 것이 가장 큰 목표였다. 배추흰나비 알이 100개나 있었지만 한 마리만이 나비가 되는 것에 안타까움을 갖고 다른 곤충들에게 죽어가는 배추흰나비의 애벌레와 번데기를 보호하는 방법을 찾는 과정에서 자연스럽게 생명을 보호하는 마음이 길러질 거라 기대하였다. 비록 배추흰나비 애벌레와 번데기를 먹거나 그 안에서 기생을 하지만 그 곤충들 역시 살아가기 위한 어쩔 수 없는 선택이라는 것을 느끼게 하고 싶었다.
다행히 학생들이 생명에 대한 소중함을 느끼고 보호하려는 마음을 기대했던 만큼 갖고 있다는 것을 느꼈다.

글쓰기 수업 시 3~4줄 쓰기도 힘들어 하던 ○○○학생은 이야기 바꾸어 쓰기에서 10줄 가까이 힘들지 않게 쓰는 유창성을 보여주었다. 자신이 직접 계획한 해결방법을 로봇으로 구현해 보고 그 내용을 글로 쓰다 보니 훨씬 쉽게 글을 쓸 수 있던 것으로 생각된다.

○○○학생은 ADHD(주위력결핍 및 과잉행동장애) 치료 경력이 있을 정도로 수업에 집중하지 못하고 자신이 하고 싶은 것에만 집중하는 아이다. 하지만 노벨 엔지니어링 수업 중 로봇을 코딩하고 움직이는 활동에 관심을 갖고 열심히 참여하였다. 마지막 글쓰기 활동에서도 평소보다 빠른 시간 안에 글을 완성하였고 그 내용과 글의 분량도 다른 활동과 비교될 정도로 긍정적인 발전을 보여주었다.

## 나. 수업을 돌아보며

'생명 존중 교육' 이라는 주제로 2학년 통합(봄), 수학, 국어 교과를 통합하였고 학교 독서 행사(작가와의 만남)와 창의적체험활동을 연계하여 노벨 엔지니어링 프로젝트 수업을 실시하였다.

 자연과 생명에 대한 존중을 느끼게 하는 것을 목표로 삼아 수업했는데, 이야기 바꾸어 쓰기에서 배추흰나비 알과 애벌레뿐만 아니라 그들을 잡아먹는 곤충들까지 생각하는 마음까지 표현해 목표에 도달했다고 생각된다.

 여러 교과가 융합되어 12차시 동안 이루어졌지만 그림책을 중심으로 하나의 주제로 수업이 이루어져 집중도가 높고 흥미를 잃지 않고 마지막 수업까지 이루어졌다.

 배추흰나비 알과 애벌레가 있는 하늘을 지키기 위해 드론이 떠 있으면 좋겠다는이야기도 나왔는데 저학년 수업이다 보니 안전을 생각해 땅 부분만 지키는 활동을 하였다. 3학년 수업이라면 과학 단원과 직접적으로 관련이 있고, 코딩 드론을 활용할 수도 있어 다양한 문제해결방법이 나올 수 있을 것이다.

## 다. 궁금? 궁금!!!(Q&A)

 **햄스터와 알버트 외에 어떤 피지컬 도구를 활용할 수 있을까요?**

A: 마이크로 비트의 LED를 활용하여 경고문을 표시하거나, 비트브릭으로 배추흰나비 알과 근사한 집을 만들고 근접센서를 달아 근처에 다른 곤충들이 왔을 때 소리를 나게 활용할 수 있습니다.

과학시간에 동화책을?
# 무야! 깜돌아! 내가 도와줄게!

### ✔ 『썰매 타는 암소 무』 프로젝트 이야기

 문학(Novel)과 공학(Engineering)이라는 재료를 잘 버무려 하나의 맛있는 수업을 만들기란 언뜻 잘 상상이 되지 않는다. 그래서인지 대학원 수업에서 처음 노벨 엔지니어링을 마주했을 때 '학교에서 학생들과 해보면 재밌겠다!'라는 기대감도 있었지만 '과연 수업이 잘 이루어질 수 있을까?'라는 의구심이 먼저 들었다.

 노벨 엔지니어링 수업을 계획하기란 쉬운 일이 아니었다. 먼저, 노벨 엔지니어링을 적용할 교과와 수업 내용을 정하기 어려웠다. 또한 전담교사로서 여러 교과에서 다양한 소재들을 다룰 수 없었고, 교육과정을 재구성하지 않으면서 노벨 엔지니어링을 적용할 만한 내용을 찾기가 힘들었다.

 또 다른 문제는 시수확보였다. 교과 진도, 평가 등 여러 수업 요소들을 고민했을 때 노벨 엔지니어링을 완벽하게 적용할 만한 충분한 시수를 확보하기 어려웠다.

 본 프로젝트는 지난 2년 동안 수업했던 내용을 담고 있다. 두 수업 모두 3학년을 대상으로 과학 전담시간에 진행하였다. [**수업사례 1**]은 시수 확보에 대한 어려움을 느껴 노벨 엔지니어링 단계에서 공학적 설계를 생략한 수업이다. [**수업사례 2**]는 [수업사례 1]에 대한 아쉬움을 보완하여 노벨 엔지니어링 전 과정을 2주간 과학 수업 4시간에 걸쳐 진행한 수업이다.

|  | 수업사례1 | 수업사례2 |
| --- | --- | --- |
| 대상 | 3학년 ||
| 교과 | 과학 3학년 1학기 2. 물질의 성질 ||
| 수업 진행 | 총 2시간(80분) | 총 4시간(80분 + 80분) |
| 공학적 설계 | X | O |

## 1 노벨 엔지니어링 준비하기 (수업 전)

### 가. 이런 프로젝트를 할 수 있어요

**책 읽기를 통해**
- 겨울철 놀이
- 주인공의 마음 공감하기
- 경험 나누기

**엔지니어링 활동을 통해**
- 물질의 성질을 활용한 썰매 제작하기
- 디자인하기
- 다양한 재료 활용하기

### 나. 프로젝트 관련 성취기준

- [4과01-04] 여러 가지 물질을 선택하여 다양한 물체를 설계하고 장단점을 토의할 수 있다.
- [4국03-02] 시간의 흐름에 따라 사건이나 행동이 드러나게 글을 쓴다.
- [4미02-02] 주제를 자유롭게 떠올릴 수 있다.
- [4미03-03] 미술 작품에 대한 자신의 느낌과 생각을 발표하고, 그 이유를 설명할 수 있다.
- [4체01-02] 다양한 운동 수행을 통해 체력의 향상과 건강한 생활을 경험한다.

본 프로젝트는 크게 책 읽기, 디자인과 공학적 설계, 글 쓰기의 단계로 이루어진다. 위 표는 3학년 선생님들이 노벨 엔지니어링을 진행할 때 융합가능한 교과의 성취기준이다. 특별히 체육 성취기준을 제시한 이유는 본 프로젝트의 소재인 '썰매'를 경험해 보지 못한 학생들을 위해 제시했다. 실제로 이번 프로젝트를 진행하기에 앞서 체육 수업시간에 바퀴달린 스쿠터 썰매를 타보았는데 학생들이 주인공의 문제 상황에 쉽게 몰입할 수 있었다.

### 다. 이런 변화를 원해요

- 문제를 해결하기 위한 알맞은 해결 방법 설계하기
- 학생들이 스스로 생각한 문제 해결 방법을 적용하여 이야기 바꿔쓰기
- 디자인한 해결책을 다양한 재료를 사용하여 만들어보기
- 자신이 쓴 이야기를 친구들과 바꾸어 보며 감상하기

### 라. 이렇게 준비해 보세요.

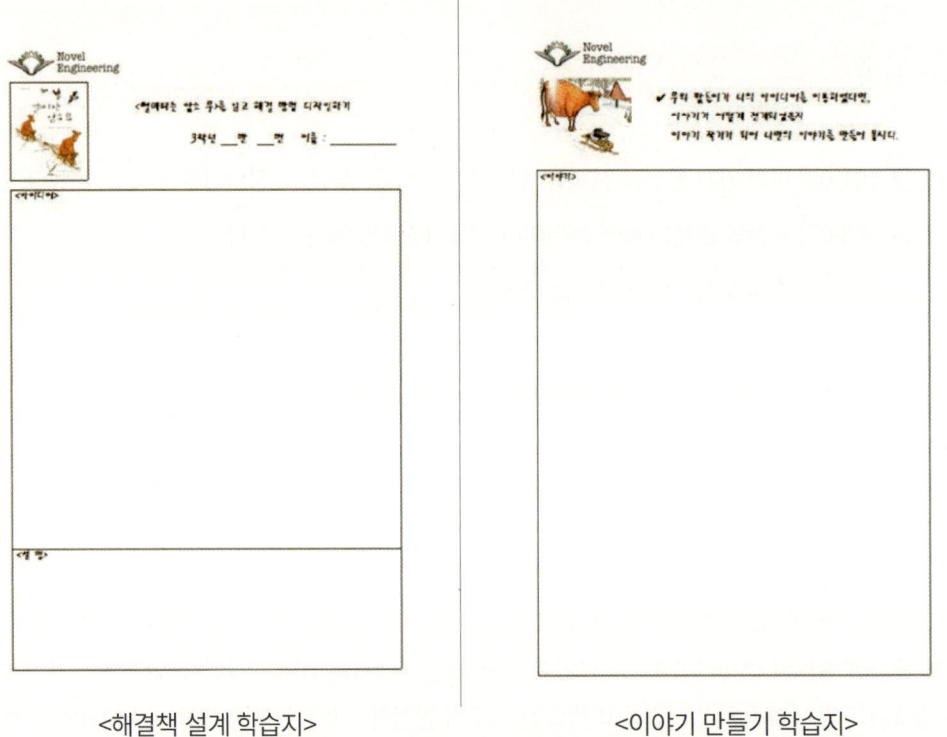

&lt;해결책 설계 학습지&gt;    &lt;이야기 만들기 학습지&gt;

본 프로젝트를 진행하기 위해 학생의 아이디어를 담을 수 있는 해결책 설계 학습지와 이야기 만들기 학습지를 준비했다. 해결책 설계 학습지는 친구들이 보고 바로 이해할 수 있도록 설명을 적어보도록 했고, 이야기 만들기 학습지는 학생들의 다양한 글자 크기, 형태를 고려하여 선을 긋지 않고 공간만 마련했다.

- 빨대
- 나무젓가락
- 고무줄
- 휴지 심
- 하드보드지

- 수수깡
- 이쑤시개
- 끝이 뾰족한 나무 막대
- 여러 종류의 아이스크림 막대

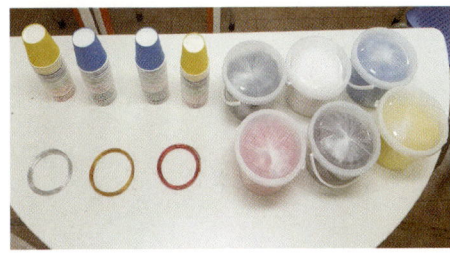
- 색 종이컵
- 색 철사
- 클레이

[수업사례 2]에서 제공된 공학적 설계 재료

다양한 만들기 재료들은 **[수업사례 2]**에서 제공되었다. 만들기 재료 선정은 책을 선정하는 것만큼이나 어려운 작업이었다. **[수업사례 2]**는 2주 동안 진행된 수업이었기 때문에 학생들이 문제 해결방안을 디자인한 학습지를 1차적으로 걷어 확인한 후 공통적으로 필요할 만한 재료들을 준비했다. 또한 학생들에게 다양한 재료를 제공하고 싶은 마음에 학교 자료실과 과학실에서 사용하지 않는 다양한 재료들을 제공하였다. 이러한 재료들도 학생들이 활용할 수 있도록 준비하였더니 만들기 재료가 훨씬 풍성해졌다.

## 마. 준비하는 팁

- 공학적 설계를 위해 최대한 다양한 속성의 재료들을 준비하기
- 자료실, 과학실 등 오랫동안 방치되어 있는 만들기 재료들 활용하기
- 학생들의 아이디어를 최대한 수용하기
- 아직 부족한 학생들의 글쓰기 실력과 맞춤법은 수업 후 지도하기

## 2 노벨 엔지니어링 활동하기(수업 중)

### ✔ 수업 흐름 한 눈에 보기

**한 걸음: 정성들여 책 읽기**
- 『썰매 타는 암소 무』 선생님과 함께 책을 읽어봅시다.

**두 걸음: 주인공의 어려움 함께 느끼기**
- 내가 만약에 무와 깜돌이라면 답답하고 힘든 점이 무엇인지 생각해봅시다.

**세 걸음: 주인공이 처한 문제 찾기**
- 무와 깜돌이가 겪고 있는 문제는 무엇인지 찾아봅시다.

**네 걸음: 문제 해결 방법 찾기**
- 무와 깜돌이가 느꼈을 답답함과 어려움을 공학적 힘으로 해결해 봅시다.

**다섯 걸음: 모둠별로 아이디어를 발표하고 친구들의 조언을 받아 아이디어 발전시키기**
- 친구의 의견을 듣고 아이디어를 개선해 봅시다.
- 좋은 의견을 준 친구에게 감사한 마음을 표현해 봅시다.

**다섯 걸음: 이야기 바꾸기**
- 직접 제작한 썰매를 무와 깜돌이에게 선물했을 때 어떤 일이 일어날지 생각하며 이야기를 써 봅시다.

## 가. 책 읽기

썰매 타는 암소 무(출판사 : 사계절)
글 : 비스란더  그림 : 누르드크비스트  옮김 : 조윤정

[줄거리] 어느 날, 외양간에 있던 암소 무는 창 밖으로 즐겁게 썰매를 타는 아이들을 본다. 썰매가 뒤집혀 넘어지기도 하지만 까르르르 웃는 아이들을 보며 암소 무는 썰매가 타고 싶어진다. 이 때 무의 친구인 까마귀 깜돌이가 찾아오고, 둘은 부푼 마음을 안고 썰매를 타러 외양간 밖으로 나간다. 썰매 운전을 잘 하지 못하는 무와 능숙하게 썰매를 운전하는 깜돌이는 서로 도와가며 재미있게 썰매를 타며 즐거운 하루를 보낸다.

과학 전담시간에 프로젝트가 모두 이루어지도록 하기 위해 시간을 줄일 수 있는 부분은 최대한 줄이려고 노력했다. 학생들과 책을 읽는 단계에서도 책에 대한 소개를 간략하게 한 후, PPT 자료로 만든 책을 교사와 함께 감상했다. 책에서 문제점이 나오는 부분까지 읽는 데에도 학생들은 집중하는 데 꽤나 어려워했다. 책에 집중하고 내용의 이해를 돕기 위해 학생들을 교실 앞으로 나오게 한 후 문단별로 번갈아가며 읽게 하거나, 무와 깜돌이 역할을 나누어 대화를 해보게 하였다. 또한 이야기를 읽어가는 과정에서 썰매를 타 본 경험을 나누기도 하였다. 그 결과 학생들이 글에 더욱 몰입할 수 있었다. 글을 모두 읽은 후 학생들과 글의 내용을 퀴즈를 통해 확인해보는 활동도 이야기에 대한 학생들의 이해를 도울 수 있었다.

나. 공감하고 문제 찾기

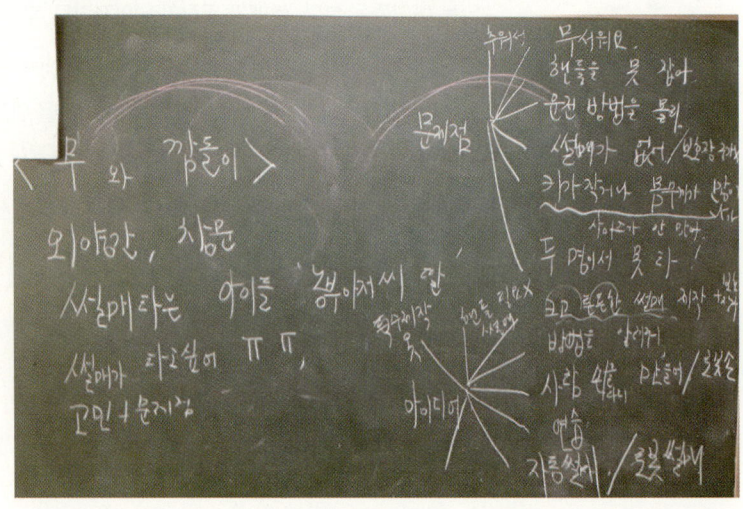

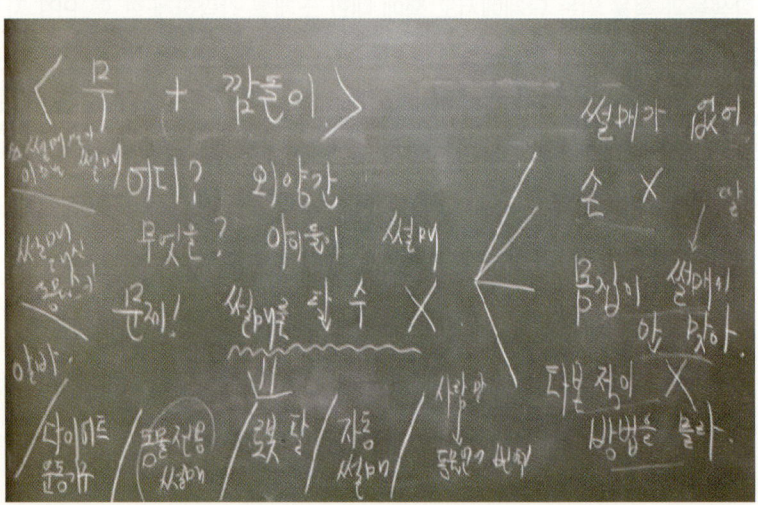

[수업사례 1]에서 학생들과 함께한 문제 찾기와 그에 따른 해결 방안 생각해보기

노벨 엔지니어링 수업을 하기 전에 가장 까다로운 것은 바로 책 선정이었다. 왜냐하면 학생들이 책을 읽고 문제점을 스스로 파악할 수 있는 책을 골라야 했기 때문이었다. 책 선정 작업은 노벨 엔지니어링을 처음 시도할 때 가장 시간이 많이 소요되는 단계이다. 며칠 동안 학교 도서실에서 수많은 책을 살펴 보고 선정한 것이 바로 본 수업에서 사용한 『썰매 타는 암소 무』였다. 다만, 이 책은 '무와 깜돌이는 썰매를 탈 수 없다.'라는 문제점이 명확히 드러나 있기 때문에 학생들이 다양한 문제점을 찾을 수 있을지 의문이었다.

[수업사례 1]에서는 교사가 학급 전체와 함께 문제점과 해결 과정을 찾아나갔다. 학생들은 어린아이의 시각으로 다양한 문제점을 발견하였다. 학생들은 '무와 깜돌이는 썰매를 탈 수 없다.'에서 끝나지 않고 탈 수 없는 이유까지 생각을 하였다. '손이 없다.', '사이즈가 맞지 않는다.' 등의 문제점을 도출하였다.

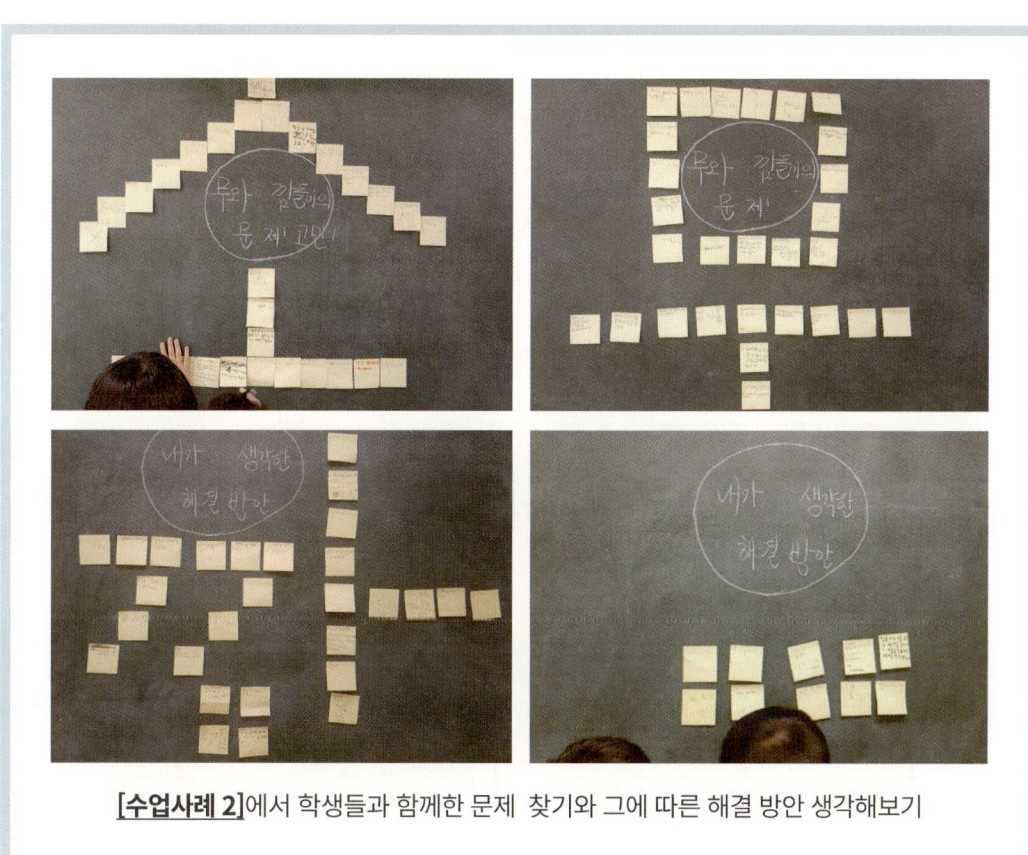

[수업사례 2]에서 학생들과 함께한 문제 찾기와 그에 따른 해결 방안 생각해보기

[수업사례 2]에서는 학생들이 스스로 생각하는 문제점을 포스트잇에 써보고 칠판에 붙여보는 활동으로 진행하였다. 학생들이 문제점을 생각하기 위해 이야기에 몰두하고, 각각 자신의 생각을 표현할 수 있어서 좋았지만, 대부분의 학생들이 '무와 깜돌이가 탈 썰매가 없다.', '무와 깜돌이는 썰매를 못 탄다.'로 한정시키고 다른 문제점을 제시하지 못한 점은 아쉬웠다.

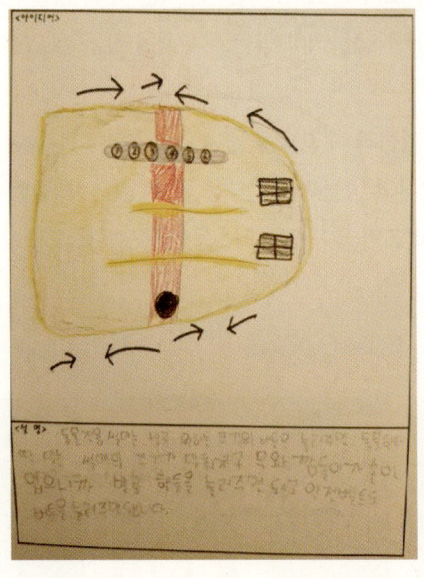
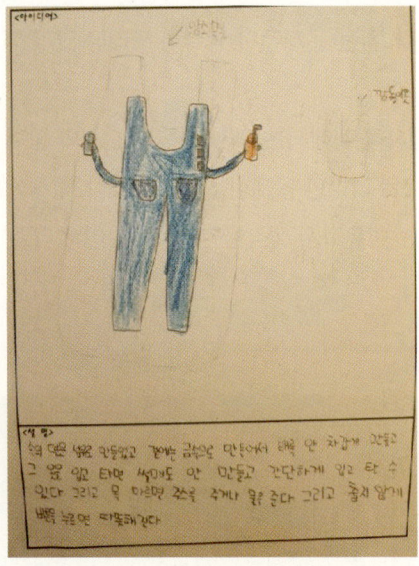
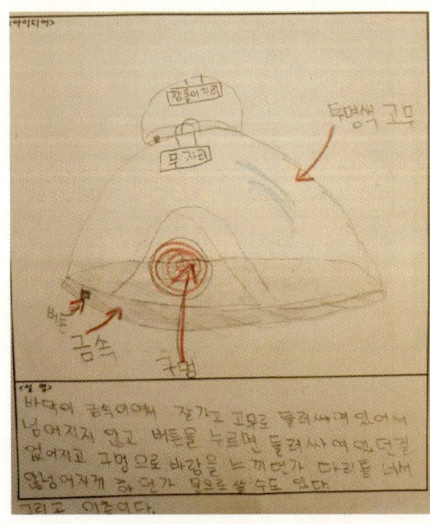
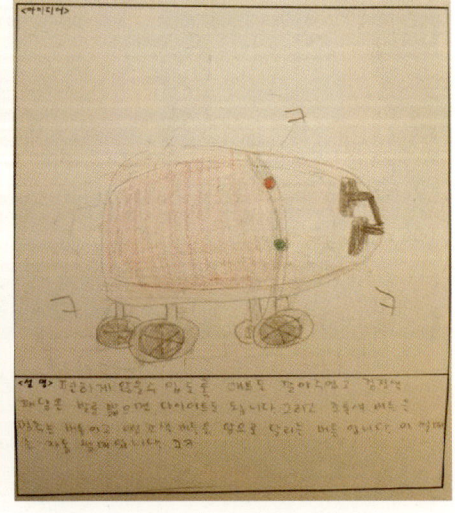

[수업사례 1]에서 학생들이 생각한 다양한 해결 방안과 설계 디자인(1)

문제점을 찾은 후 학생들과 함께한 해결책 찾기에서도 학생들은 각각의 문제에 맞는 다양한 해결책을 제시하였고, 점점 수업에 몰입하였다. [수업사례 1]에서는 공학적 설계 단계를 생략하였기 때문에 학생들이 제시한 공상 과학적인 요소들도 모두 허용해 주었다. '버튼을 누르면 썰매가 사이즈 조절이 된다.'와 같은 해결책들까지 모두 수용하자 생각지도 못한 아이디어들이 쏟아졌다. 단, '썰매 살 돈을 모으기 위해 알바를 한다.'와 같이 공학적 요소가 필요 없는 부분은 본 수업의 목적을 다시 상기시켜 주며 공학적 요소가 들어갈 수 있도록 유도하였다. 또한 모둠별로 서로의 의견을 발표하고 비교해보는 과정을 통해 부족한 부분을 보완했다.

[수업사례 1]에서 학생들이 생각한 다양한 해결 방안과 설계 디자인(2)

[수업사례 1]에서 흥미로웠던 부분은 몇몇 학생들의 디자인에서 이미 학생들 머릿속에 있는 이야기가 펼쳐지고 있었다는 점이다. '선생님! 이 썰매는 이 버튼으로 조종하고요. 여기 핵미사일이 있어요. 핵미사일을 발사해서 지구를 파괴할 거예요!' 라고 그림에 선이나 모양을 추가하면서 이야기를 들려주는 학생들이 있었다. 이러한 학생들에게 '오! 흥미로운 이야기인데!' 하며 학생들의 이야기를 관심 있게 들어주었고 그림 속 이야기를 글로 표현해 보도록 지도했다.

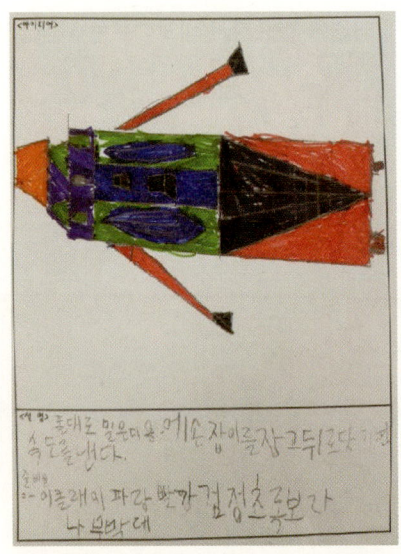 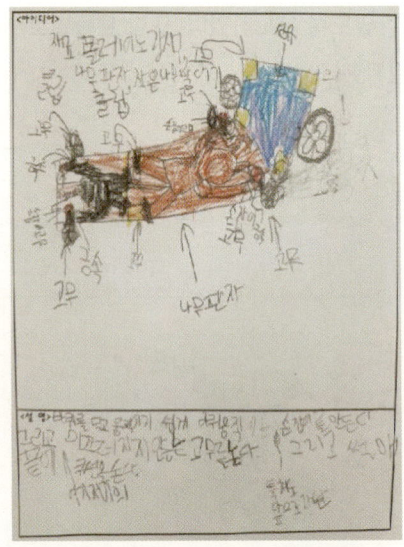
 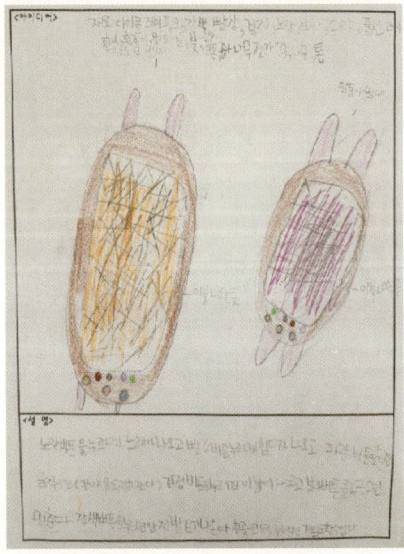

[**수업사례 2**]에서 학생들이 생각한 다양한 해결 방안과 설계 디자인

[수업사례 2]에서 학생들은 스스로 제작할 수 있는 현실적인 썰매를 상상하며 해결책을 제시하였다. '무와 깜돌이가 같이 탈 수 있는 썰매', '나무와 금속으로 제작해 무가 타도 부서지지 않는 튼튼한 썰매' 등 실제 이야기 속에 들어가서 주인공들이 즐길 수 있는 썰매들을 디자인했다. 하지만 교사가 사전에 클레이를 준비해준다는 말을 듣고, 문제를 해결하기 위한 디자인을 생각하기 보다는 자기가 만들고 싶은 예쁘고 멋진 모양으로 썰매를 디자인하는 학생들이 있었다.

디자인 작업 후에는 [수업사례 1]과 마찬가지로 모둠별로 다양한 아이디어를 살펴보고 서로 필요한 부분에 대해 얘기해보며 아이디어를 개선시켜 나갔다.

[수업사례 2]에서 해결 방안 공학적 설계하기

[수업사례 2]에서만 진행된 공학적 설계 단계에서는 학생들이 부담감을 갖지 않고 자유롭게 설계할 수 있는 분위기를 만들기 위해 노력했다. 먼저, 프로젝트를 위해 준비한 재료들을 문구점처럼 한 쪽에 모아두었다. 그리고 학생들이 자신이 디자인한 썰매를 제작하는 데 필요한 재료들을 알아서 가져가도록 했다. 학생들은 재료가 부족할 때, 설계 과정에서 보완할 부분이 생겼을 때 수시로 재료를 가져다가 썰매를 만들었다.

학생들은 이번 프로젝트를 진행하며 공학적 설계 단계에서 가장 적극적이고 행복한 모습을 보였다. 쉽게 다룰 수 있는 재료였기 때문에 학생 대부분이 자신이 디자인한 모습과 비슷하게 제작했고, 결과물에 대해 만족했다

## 라. 피드백 찾기

[수업사례 2]모둠별 피드백을 위해 모둠 중간에 모아진 작품들

공학적 설계가 이루어지지 않고 이야기 쓰기로 넘어간 **[수업사례 1]**과 달리 학생들의 공학적 설계가 이루어진 **[수업사례 2]** 에서는 학생들이 만든 작품을 모둠별로 감상하고 친구들에게 기능을 설명하는 시간을 가질 수 있었다.

학생들은 친구들의 조언을 듣고 완성 작품에 재료들을 더 붙이거나 갑자기 없던 기능을 탑재한 버튼을 추가하였다. 또한 친구들의 작품과 비교해 부족한 부분을 스스로 수정하기도 하였다.

피드백이 잘 이루어진 모둠도 있었으나, 자기 작품을 뽐내고 다른 친구들의 작품을 비난하는 학생들이 있었다. 이 경우 교사가 해당 모둠의 피드백 과정에 개입하여 올바른 방향으로 피드백이 이루어지도록 지도하였다. 또한 과학 수업 성취기준을 상기시키며 '어떤 물질로 만들면 더 좋았을까?', '이 부분은 어떤 특징을 가지고 있어?' 등의 질문을 통해 서로의 작품에 대한 피드백이 보다 활발히 일어날 수 있도록 안내했다.

## 마. 이야기 바꿔 쓰기

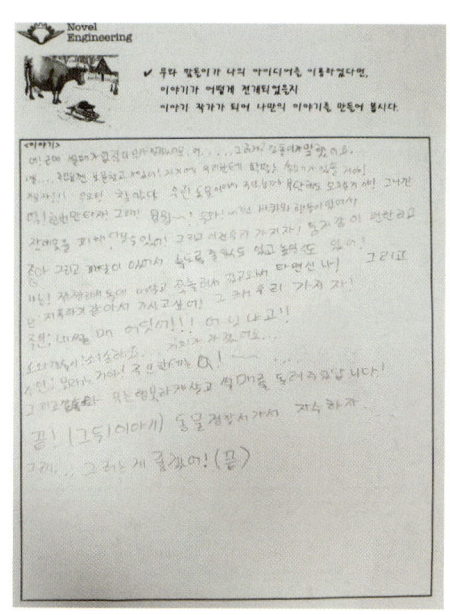
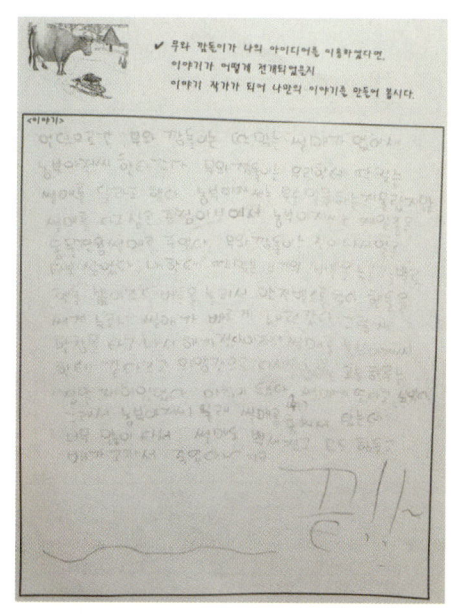
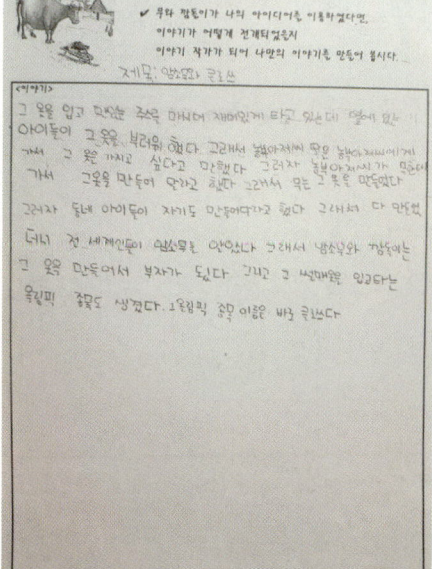
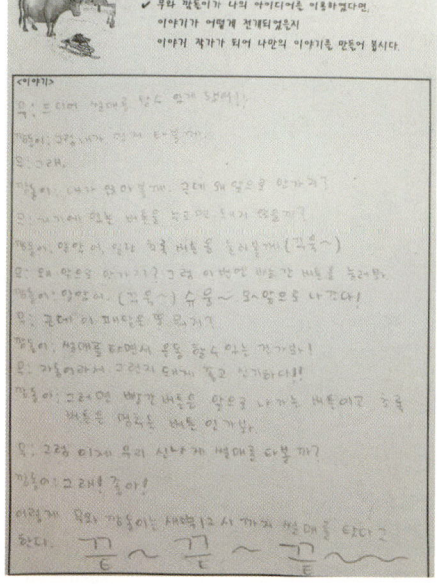

학생들의 이야기 작품(1)

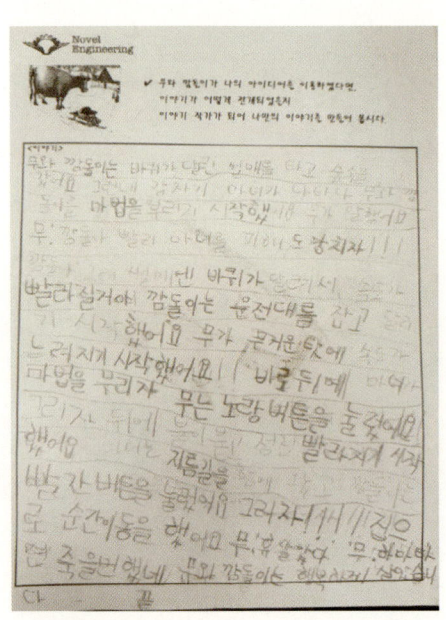
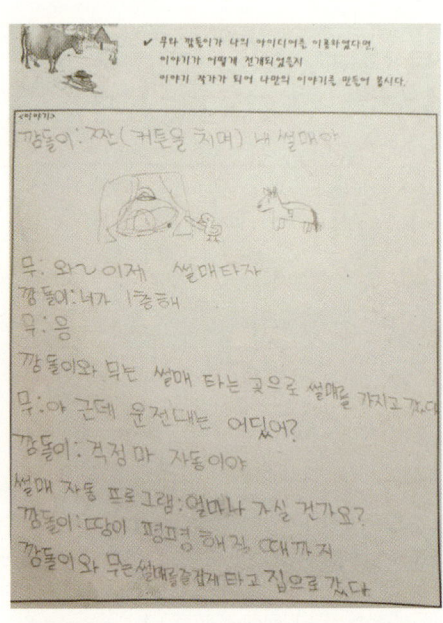
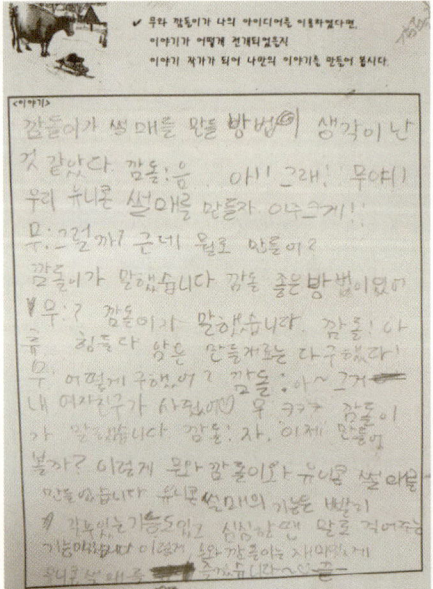
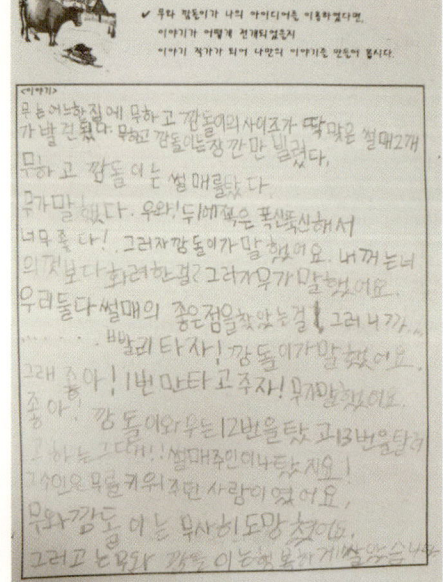

학생들의 이야기 작품(2)

[**수업사례 1**]의 경우 학생들이 썰매를 제작하지 않아 현실적인 요소보다 공상과학적인 요소들이 보였지만 이야기를 쓰면서 학생들이 즐거워하는 모습을 볼 수 있었다. 하지만 자극적이고 흥미로운 요소를 좋아하는 아이들의 경우 지구정복, 주인공의 비극적 죽음으로 끝을 맺는 이야기를 쓰기도 했다.

[**수업사례 2**]의 경우 학생들이 직접 공학적 설계를 해서 본 프로젝트에 잘 집중한 듯 보였으나 설계 다음에 이어지는 이야기 쓰기 활동을 하기 싫어하거나 이야기의 구조가 "무와 깜돌이는 내가 만든 썰매를 즐겁게 탔습니다." 식으로 단순하게 끝나는 경우가 많았다. 그리고 아직 저학년이기 때문에 글에서 맞춤법 오류가 많이 나타났다. 프로젝트 후 국어 교과와 융합하여 맞춤법 지도까지 이어졌으면 좋았을 걸 하는 아쉬움이 있었다.

## ③ 노벨 엔지니어링 돌아보기 (수업 후)

### 가. 수업에서 성장 찾기

- 문제를 해결하기 위한 알맞은 해결 방법 설계하였는가?
- 학생들이 스스로 생각한 문제 해결 방법을 적용하여 이야기 바꿔쓸 수 있는가?
- 문제를 해결하기 위해 디자인한 해결책을 다양한 재료를 사용하여 설계하였는가?
- 자신이 쓴 이야기를 친구들과 바꾸어 보며 감상하였는가?

이번 수업을 진행하면서 학생들의 모습에서 평소 수업 시간에서 볼 수 없었던 크고 작은 변화를 느낄 수 있었다. 우선 학생들이 글 쓰는 데 두려움이 없었다는 것이다. 평소 실험관찰을 쓰기 싫어하던 학생들도 이야기 바꿔쓰기 활동에서 거침없이 자기 이야기를 써 내려갔다. 글을 쓰는 데에서 그치는 것이 아니라 친구들 앞에서 이야기를 발표하고 싶어 하는 학생들도 여럿 있었다.

또 다른 변화는 학생들이 수업시간을 기다렸다는 것이다. 2주 동안 수업을 진행했던 [**수업사례 2**]의 경우 학생들이 공학적 설계를 하고 싶어 '빨리 과학시간이 왔으면 좋겠다!'고 말하거나 수업 후 '다음에도 이런 활동 했으면 좋겠어요!' 라고 표현하기도 했다.

수업을 준비할 때 학생들이 많이 접해 본 클레이를 준비하면서 '다른 재료들은 사용하지 않으면 어쩌지' 하는 우려가 있었지만 다양한 재료들을 오리고, 붙이고, 잘라내고, 형태를 변형하는 모습을 보며 이는 쓸데없는 걱정임을 깨달았다.

## 나. 수업을 돌아보며

**[수업사례 1]**은 과학 전담시간 연차시 수업 안에 노벨 엔지니어링을 적용하고 싶은 마음이 커 공학적 설계 부분을 생략하고 진행한 수업이다. '공학적 설계까지 하면 어떨까?' 하고 **[수업사례 2]**를 계획하고 진행했는데 두 수업 모두 학생들이 즐겁게 참여하고, 책에 더 몰입하였다.

두 수업을 진행하며 교사로서 느낀 점은 수업을 준비할 때 활동이 잘 이루어질지에 대한 걱정보다는 학생들이 잘 해낼 수 있을 거란 믿음을 가져야 한다는 것이었다. 다소 어려워하는 학생들도 있었지만 교사가 처음 방향만 제시해주면 이후부터는 막힘없이 활동에 참여했다. 100개 정도 되는 학생들의 작품들이 모두 탄탄한 스토리와 짜임새를 갖추진 않더라도 학생들이 그 속에 자신이 말하고자 하는 것을 담아내려는 모습이 기특했다.

많은 선생님들이 노벨 엔지니어링을 통해 학생들이 즐거워하고 교사가 만족해하는 융합수업을 경험해 보셨으면 좋겠다.

## 다. 궁금? 궁금!!!(Q&A)

**Q 두 수업을 진행하시면서 보았던 학생들의 모습 중 가장 인상적이었던 점은 무엇이었나요?**

A: 학생들이 자신의 아이디어를 그림, 창작물, 글로 표현하는 데 부끄러워하지 않았다는 점이 가장 인상적이었습니다. 학생들은 친구들에게 자신의 작품을 자랑하기도 하고, 친구들 앞에서 발표하고 싶어 하기도 하였습니다. 노벨 엔지니어링에 정답을 요구하는 활동이 없기 때문에 학생들이 두려움 없이 참여했던 것 같습니다.

**Q 만약 고학년과 수업을 했다면 어떤 활동을 해볼 수 있을까요?**

A: 고학년과의 수업에서는 축소판 썰매가 아닌 학생들이 직접 타볼 수 있는 크기의 썰매를 만들고 타보는 활동을 해보면 글에 대한 몰입도가 높아질 것 같습니다. 나아가 이야기 쓰기 활동에서 릴레이 쓰기, 연극 대본 쓰기 등 다양한 쓰기 활동을 해도 좋을 것 같습니다.

**Q 학생들의 공상과학적인 아이디어를 현실적인 방안으로 유도하는 방법은 무엇이 있을까요?**

A: 공학적 설계가 이루어진 수업에서 공상과학적인 아이디어가 확연히 줄어들었습니다. '학생들의 능력으로 만들 수 있는 작품 만들기'를 강조한다면 보다 현실적인 아이디어가 나올 것 같습니다.

노벨 엔지니어링

함께 행복한 좋은 세상 만들기

마음을 전하지 못해 답답했니? 그레구아르?
# [마이크로:빗 팔찌]로 말해보자!

### ✔ 「그레구아르는 눈으로 말해요」 프로젝트 이야기

 2017년 노벨 엔지니어링 학습활동과 수업을 여러 선생님들께 공개하고 수업에 대한 의견을 나누고 싶었다. 노벨 엔지니어링은 독서활동을 기반으로 하기 때문에 특정 분야의 책을 통해 해당 분야의 문제해결을 시도할 수 있는 장점을 가지고 있다. 학습자와 프로젝트 진행하기 좋은 책을 찾고 있던 중 그 당시 우리 반 학생들과 국어 교과서에 수록된 고정욱 작가의 '가방 들어주는 아이'를 읽고 있었고 등장인물들의 갈등과 문제해결과정 속에서 장애를 가진 친구들을 도우려는 시도가 노벨 엔지니어링의 목표에 매우 적합하다고 느꼈다.
 이후 장애이해교육에 관한 좋은 책을 통해 공감대를 더 넓혀보고 싶다는 생각을 하게 되었다. 특수학급이나 특수교사의 전문적인 경험이 필요하여 주변의 특수교육 전문가에게 장애이해에 관한 좋은 책을 추천해 달라 말씀드렸고 언어장애에 대한 이해의 폭을 넓힐 수 있는 「그레구아르는 눈으로 말해요」라는 책을 추천받게 되었다.
 초등학교 한 학급을 대상으로 적용하였는데 이 학급은 창의적 체험학습 시간을 통해 햄스터 로봇과 BBC 마이크로:빗(micro:bit)의 기본적인 코딩을 배우는 중이었다. 마이크로 빗(micro:bit)은 5X5 25개의 LED 불빛의 명령을 통해 코딩의 결과가 직관적으로 표현되고 확인할 수 있다는 장점이 있기 때문에 언어장애를 가진 그레구아르의 어려움을 해결하기에 적합한 도구라고 판단했다.
 지금까지 장애이해교육은 정의적 측면, 즉 장애를 가진 친구들을 대하는 태도나 마음가짐 등에 중심을 두고 있었다면 이번 수업을 통해서는 아이들이 실질적 해결책을 직접적으로 마련하는 경험을 제공하는 데 무게를 두고 싶었다. 왜냐하면 학습자가 생각하는 공학적 아이디어가 결국 주변 사람을 돕는 것이고 그러한 노력이 나를 포함한 주변 사람들까지 행복하게 할 수 있다는 점을 학생 스스로 깨닫게 되길 바랐기 때문이다.
 한편으로는 학생들이 자신이 생각한 바를 그동안 익혔던 이 수업을 코딩과 융합하여 잘 표현할 수 있을까라는 걱정이 되었고 학생들이 문제해결을 위한 해결책을 제시할 수 있을지 궁금했다. 학생들의 수준 또한 알 수 없었기 때문에 교사인 나 자신도 한 단계 한 단계 주의 깊게 살피며 프로젝트를 시작하게 되었다.

## 1 노벨 엔지니어링 준비하기 (수업 전)

### 가. 이런 프로젝트를 할 수 있어요

**책 읽기를 통해**
- 장애 이해교육
- 언어장애 이해교육
- 캐나다의 학교 모습
- 캐나다의 수업 모습

**엔지니어링 활동을 통해**
- 의사소통능력
- 언어장애 극복 기구
- 소통의 도구에 대해
- micro:bit 활용 코딩

### 나 프로젝트 관련 성취기준

- [4국03-04] 읽는 이를 고려하며 자신의 마음을 표현하는 글을 쓴다.
- [4도02-02] 친구의 소중함을 알고 친구와 사이좋게 지내며, 서로의 입장을 이해하고 인정한다.

이 프로젝트에서 가장 중요하게 생각했던 부분은 타인에 대한 '공감'이다. 친구의 입장을 이해하고 인정하는 배려의 마음을 수업에 담아 공감과 타인에 대한 배려의 마음을 지니게 한다.
이야기를 바꿔 쓰는 과정에서 읽는 이를 고려하며 마음을 표현하는 여러 가지 방법을 학생들과 나누고 싶었다.

### 다. 이런 변화를 원해요

- 그레구아르가 겪고 있는 언어장애에 대해 발표할 수 있도록 조사해 보기
- 언어장애를 도와줄 수 있는 구조물에 대해 설명하기
- 언어장애를 가진 친구들의 어려움에 대해 공감한 내용 발표하기

## 라. 이렇게 준비해 보세요.

체험 부스용 자동 팔찌

마이크로 빗(micro:bit) + 건전지

　BBC micro:bit(마이크로:빗)은 상대적으로 저렴하고 사용이 쉬운 SW교구이지만 프로젝트를 진행하면서 기본세트만 사용하기에는 교구보다 기계적인 느낌이 너무 강했기 때문에 기존 제품과 비슷한 느낌의 장치가 필요했다. 마이크로:빗을 어딘가에 부착하지 않고 원형 그대로 활용하기는 뭔가 미흡해 보이는 부분이 있었다. 마이크로:빗은 건전지박스, 휴대폰용 휴대용 충전기 등을 통해 독립적으로 실행이 가능한데 무게를 고려해 건전지박스를 통해 마이크로:빗을 가동시켰다.

　학생들에게 체험부스에서 상대적으로 저렴한 '자동 팔찌'를 배부하고 특정한 메시지를 그림이나 글을 자동팔찌의 여백에 담고 팔찌의 가운데 마이크로:빗을 부착하는 방식으로 제작해 보았다. 마이크로:빗과 자동팔찌에는 벨크로를 붙여 자유롭게 서로 탈부착이 가능하게 했다.

　만일 시간과 학생들의 역량이 허락 한다면 3D프린터로 원하는 모양의 마이크로:빗 케이스를 출력해보는 것을 시도 해봐도 좋을 것이다.

　자동 팔찌의 종류도 매우 다양해서 수업의 목적에 따라 선택하여 대량 주문하여 사용해도 좋다. 네임펜이나 스티커 등으로 나만의 개성을 표현하도록 하면 학생들이 더 아끼고 좋아하는 모습을 볼 수 있다.

## 마. 준비하는 팁

- 특수교육 전문가와 상담을 통해 불필요한 도구는 만들지 않기

- 자동팔찌에 자신 만의 설명을 더할 준비하기 (색, 네임펜 스티커 등)

- 마이크로:빗(micro:bit)의 케이스가 필요하다면 3D프린터나 싱기버스에서 미리 준비하기

## 2 노벨 엔지니어링 활동하기(수업 중)

### ✔ 수업 흐름 한 눈에 보기

**한 걸음: 정성들여 책을 읽기**
- [그레구아르는 눈으로 말해요] 책을 읽고 처음 중간 끝으로 나눠 질문하며 읽어봅시다.

**두 걸음: 문제를 찾고 어려움에 대해 함께 느끼기**
- 내가 만약에 그레구아르라면 어땠을까 느낌을 나누어 봅시다.

**세 걸음: 문제해결 방법 찾기**
- 그레구아르가 느꼈을 답답함과 어려움을 공학의 힘으로 해결해 봅시다.

**네 걸음: 발표하고 피드백으로 개선하기**
- 발표를 듣고 조언을 통해 '의사소통도구'를 개선해 봅시다.

**다섯 걸음: 이야기 바꾸기**
- 우리가 그레구아르를 도와주었을 때 바뀌게 될 내용을 상상하여 써 봅시다.

## 가. 책 읽기

[초등학교 3,4학년] 출판사: 씨드북

글: 다니엘 노로  그림: 스테판 조리슈  감수: 여해경

[줄거리] 처음으로 유치원에 가는 날 그레구아르는 모든 것이 신기하게 느껴진다. 그레구아르는 표현과 이해에 문제를 가지고 있다. 언어장애가 있는 그레구아르는 궁금하고 답답한 마음에 돌발행동을 하지만 친구들은 화 내지 않고 이런 그레구아르를 잘 살피며 마음을 이해한다. 이제 친구들은 그레구아르를 더 잘 알게 되고 친구들의 배려와 응원 속에서 전보다 말을 잘 할 수 있게 되었다.

  그림책의 특성 상 줄글이 많지 않아 먼저 교사가 전체 글을 낭송하고 다시 학습자의 속도에 맞춰 각자 읽은 후 학생들에게 전체적인 느낌을 말하도록 했다. 대부분 주인공인 그레구아르를 도와주고 싶다는 의견이었지만 몇몇 학생은 강하게 왜 그레구아르의 말을 모두 이해해야 하는지 선생님이나 주변 친구들이 밝은 얼굴로 그레구아르에게 맞춰주는지에 대해 강하게 불만을 제기하기도 했다.

  그레구아르의 감정을 이해하기 위해 노력하기보다는 언어장애 학생에 대한 책 속의 무조건적인 더 큰 배려에 대해 일방적으로 손해를 본다고 투덜대는 친구도 생겨났다.

  두 번째 읽을 때는 한 인물을 골라 그 사람의 감정을 따라 읽도록 하였다. 교사는 학생들에게 그레구아르, 선생님, 친구들의 입장이 되어서 "지금 기분이 어때요?" 라는 질문을 계속 던져가며 읽도록 하였다.

## 나. 공감하고 문제 찾기

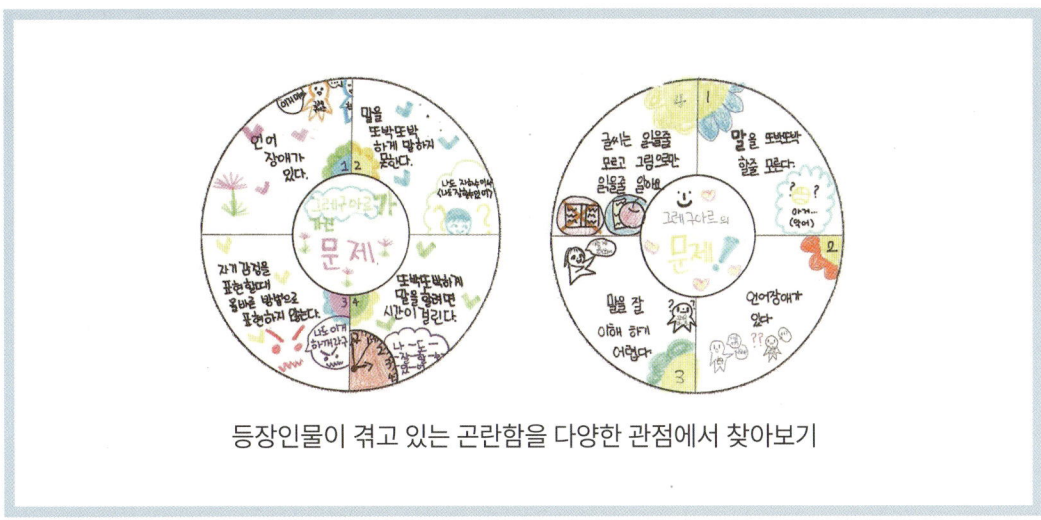

등장인물이 겪고 있는 곤란함을 다양한 관점에서 찾아보기

 그레구아르의 마음을 느껴보기 위해 짧은 단어로만 이야기 할 수 있게 규칙을 정하고 학급 아이들과 이야기 해보면서 학생들은 언어장애를 가진 친구 그레구아르가 얼마나 답답한지 알 수 있었다. 학생들은 너무나 일상적이었던 대화가 짧은 단어로 인해 상대에게 전달이 안 되고 의사소통에 어려움을 느꼈는데 이러한 경험을 통해 학습자들은 비로소 문제에 더 깊이 공감하고 문제해결을 위한 아이디어를 많이 생각해 낼 수 있었다.

## 다. 공학적 문제 해결 방법 찾기

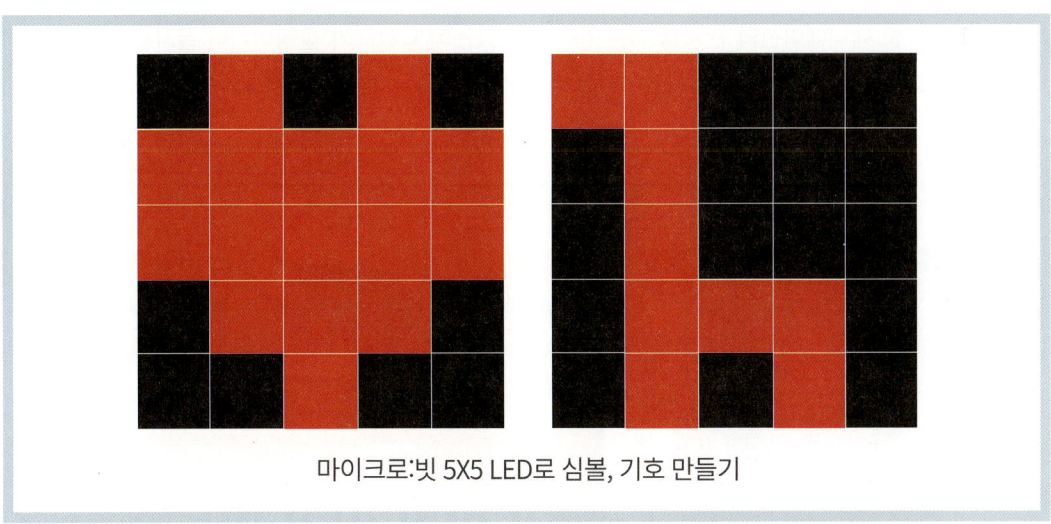

마이크로:빗 5X5 LED로 심볼, 기호 만들기

 마이크로:빗은 25개의 LED 불빛을 On/Off 시키는 방법으로 다양한 형태의 LED 불빛을 표현하여 형태를 만들어 낼 수 있다. 도로의 표지판이나 심볼(Symbol) 즉, 기호에 해당하는 내용은 무난히 표현할 수 있고 코딩을 통해 이 기호들을 애니메이션 형태로도 나타낼 수 있다.

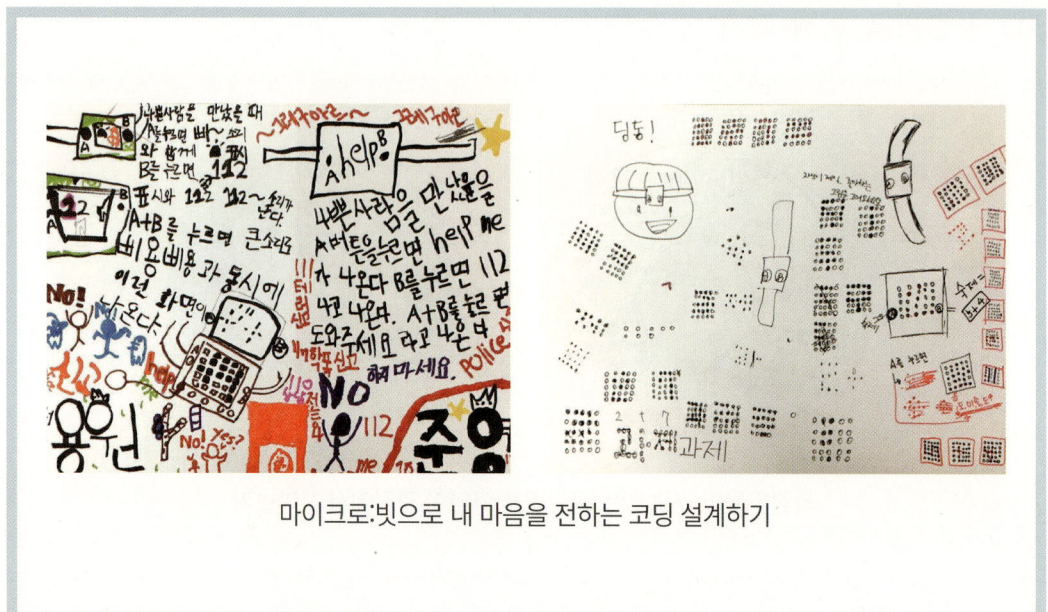

마이크로:빗으로 내 마음을 전하는 코딩 설계하기

수업 준비 단계에서는 학습자는 그레구아르와 친구들이 어떻게 의사소통을 할 것인가를 고민하고 의사소통을 위한 도구를 설계하는 과정에서 마이크로:빗으로 상징적인 기호를 만들어 보여준다면 그레구아르가 급하게 어떤 말을 해야 할 때 큰 도움이 되겠다는 생각을 하게 되었다.

그레구아르가 사용할 수 있는 꼭 필요한 상황이 어떤 것인지 생각해보고 그에 맞춰 큰 전지에 자유롭게 모둠 친구들과 브레인스토밍을 하였다. 아이디어를 제시하면서 웃고 떠들며 나름대로의 상상력을 발휘하였는데 놀랍게도 이때 나왔던 대부분의 의견이 실제 도구를 만드는 단계에서 받아들여지고 구현되었다. 학습자들 중 애니메이션의 순서를 적은 친구도 있었는데 화살표가 움직이거나 글자를 연속 시켜서 그레구아르가 원하는 내용을 다른 사람에게 쉽게 전달 할 수 있는 구조를 설계하기도 하였다.

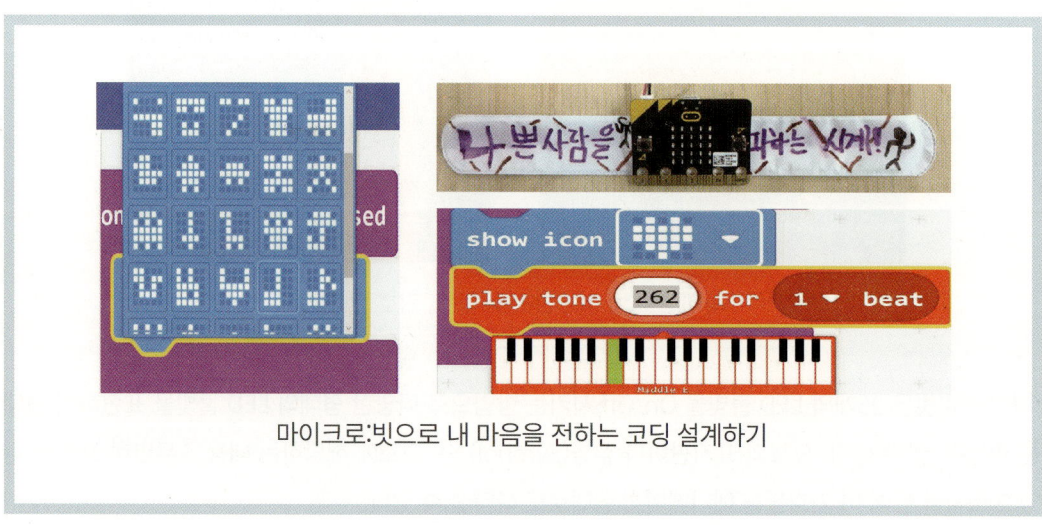

마이크로:빗으로 내 마음을 전하는 코딩 설계하기

https://makecode.microbit.org 사이트에 접속한 후 학생들과 코딩을 할 수 있는데 추가적인 부품연결을 통해 센서를 활용한 다양한 피지컬 컴퓨팅을 적용할 수 있다. 자세한 설명이나 활용은 makecode 사이트에 예제와 활용법이 제시되어 있다.

복잡하고 어려운 코딩이 아니라 30분 내로 학생들이 작성할 수 있는 코딩 작성을 계획하고 기능이 추가로 필요한 학생들은 추후 시간을 들여 개선하도록 하였다. 처음 학습자들이 작성했던 것은 주로 간단한 기호를 보여주거나 영문글자가 지나가게 하는 애니메이션 정도의 순차 코딩이었고 학생들은 학습과 개선을 통해 간단한 비트로 연주되거나 구현하고 싶었던 기능을 추가하였다.

## 라. 피드백 찾기

기본적인 코딩이 끝난 후 학생들은 서로 그레구아르를 도와줄 수 있는 자신이 만든 제품(마이크로:빗 팔찌)을 발표했다. 그들끼리 의견을 주고받고 발표와 질문을 반복하였고 대부분의 학생이 자신이 만든 제품에 대해 모자란 기능을 아쉬워하고 더 많은 기능이 들어간 제품으로 개선하기를 원했다.

발표가 끝난 후 기초단계를 지나 중급 정도의 마이크로:빗 코딩 즉, 선택과 반복에 관한 예시를 주고 음악 연주에 대한 기능을 추가로 설명하고 자신들의 마이크로:빗 팔찌에 적용할 수 있게 하였다. 발표와 피드백 과정에서 나의 재미를 위한 것인지 그레구아르를 도와주기 위해 만들고 있는지를 강조하면서 처음의 목표를 향해 나아갈 수 있게 독려하였다.

## 마. 이야기 바꿔 쓰기

> 다. 이제 여러분의 제안을 그레구아르가 받아들였다고 생각하고 이야기를 고쳐서 써보세요.
>
> 그레구아르는 여느 때처럼 그림을 가지고 유치원에 갔습니다. 친구들과 선생님이 잘 그렸다고 칭찬 해 주셨습니다. 오늘 선생님이 집 주소와 엄마의 전화번호를 알아오라는 숙제를 내 주셨습니다. 유치원 아이들의 정보가 들어간 표를 만들기 위한 숙제였습니다. 선생님께서 그레구아르의 [숙제 알리미 시계]를 사용해 LED 로 숙제를 시계에다가 넣어주셨습니다. 그레구아르는 기쁜 마음으로 집에 돌아갔습니다. 엄마께 빨리 오늘 유치원에서 그림을 잘 그려서 칭찬 받은 일, 오늘 태권도를 배운 일, 언어 선생님과 함께 재미있는 놀이를 한 일, 그리고 [숙제 알리미 시계]를 사용해서 숙제를 할 수 있다는 기쁨을 말하고 싶었거든요. 그레구아르는 엄마께 먼저 말했습니다. "우치워 가다와써요!(유치원 갔다왔어요!)" 언어 선생님께 오늘 배운 말이었습니다. 그리고는 엄마께 [숙제 알리미 시계]를 보여주며 "이어 바바.(이거 봐봐.)" 라고 했어요. 엄마께서는 A 버튼을 누르셨어요. 그러자 동그라미 모양의 애니매이션과 B 버튼을 가리키는 화살표 애니매이션이 나왔어요. 엄마는 '아! 오늘 숙제가

개선 작업이 끝난 후 바로 긴 글로 이야기 바꿔 쓰기를 시작하면 학생들이 막막해 하는 경우가 많다. 처음 이야기를 바꿔 쓸 때에는 등장인물에게 간단한 엽서를 남겨 보는 것도 좋다. 우리가 애써 만든 제품을 실제 그레구아르가 사용하지 않을 경우 즉, 제품이 아무리 좋아도 사용자가 외면할 경우 그 가치를 잃어

버리기 때문에 내가 만든 구조물이 어떤 기능을 가지고 있고 왜 그레구아르가 사용하면 좋은지를 간단하게 엽서로 표현하도록 지도했다.

바꿔 쓰는 이야기 안에는 자신이 만든 제품을 사용하여 곤란한 문제를 해결하는 그레구아르의 모습이 표현되어야 함을 사전에 평가 기준으로 안내하였고 '그레구아르야~' 라고 시작하는 [사용 권유 엽서]를 쓴 후 이를 바탕으로 이 제안을 그레구아르가 받아들였다는 상황으로 이야기 바꿔 쓰도록 하였다.

대부분은 따뜻한 마음으로 시작한 프로젝트지만 무조건적인 이해에 대한 불만에서 시작한 친구들도 있어서 이야기는 다양한 방법으로 변주되었다. 도덕적으로 바로 잡아줘야 할 내용은 동영상 등을 통해 추가적으로 교육하고 프로젝트를 마무리 하게 되었다.

## ③ 노벨 엔지니어링 돌아보기 (수업 후)

### 가. 수업에서 성장 찾기

수업을 통해 어떤 성장(발전)이 이루어졌는지 살펴보면 프로젝트 초반 학생들에게 안내했던 평가 기준에 비추어보게 되었다. 프로젝트를 통해 학생들은 과연 어떤 성장을 보여주었을까?

- 그레구아르가 겪고 있는 언어장애에 대해 자신의 말로 표현할 수 있게 조사하였는가?
- 언어장애를 도와줄 수 있는 구조물에 대해 설명할 수 있는가?
- 언어장애를 가진 친구들이 가지는 어려움에 대해 공감한 내용을 발표할 수 있는가?

장난기가 많은 ○○학생은 그레구아르가 처한 상황에 대해 프로젝트 초반에는 그레구아르 흉내를 내며 장난스럽게 임하였다. 프로젝트 중반을 살펴보면 이 학생은 공감하기 활동을 통해 그레구아르가 겪는 의사소통의 어려움을 체험한 후 구조물을 만드는 과정에서는 변화된 태도를 보여주었다. 수업시간 내내 집중력을 보이며 어떻게 하면 더 좋은 기능을 넣어 그레구아르를 도와줄 수 있을 것인지 고민하는 모습이 인상적이었다.

교우관계에 어려움을 겪는 ○○학생은 누구보다 상황에 대한 깊은 이해를 보여주었다. 사례가 구체적이고 특히 위험에 빠졌을 때 SOS나 외부에서 도와줄 수 있는 사람과 연결시키는 기능까지 구현하고 싶어 하였다.

○○학생은 그레구아르 이야기를 새롭게 바꿔 썼다. 그레구아르에 대한 무조건적 이해를 넘어 그레구아르도 교실 내에서 자기의 역할을 하고 친구들도 그레구아르에게 필요한 것을 요구하는데 O,X 표현을 통해 연속된 질문으로 서로 원하는 대답을 끌어내는 이야기를 작성하였다. 전체적으로 학생들은 장애에 대한 이해도가 상승했으며 초반의 장난스런 모습에서 누군가를 도와주기 위한 엔지니어링 활동을 통해 성장한 모습을 보여주었다.

## 나. 수업을 돌아보며

그레구아르가 교실의 친구들이 싫어할 만한 행동을 해서 책을 읽은 친구들이 무조건적으로 그레구아르를 이해하고 배려하라는 것이 불공평하다고 이야기 하는 친구들이 있었다. 우리나라와 다른 나라의 장애학생들을 대하는 태도와 기본적인 인식의 차이가 크다고 느꼈다.

마이크로:빗은 처음 시작하기는 쉬운 도구지만 학생들이 확장된 동작을 원할 때는 추가적인 장비가 더 필요하면서 복잡해 질 수 있다. 학생들의 역량이 어느 정도 있다면 처음부터 확장된 마이크로:빗 셋을 준비하거나 레고® 마인드스톰® 에듀케이션 EV3, 위두처럼 다양한 적용이 가능한 기기를 준비하고 시작하는 것을 권장한다.

## 다. 궁금? 궁금!!!(Q&A)

 **마이크로:빗 말고 다른 로봇을 이용한다면 어떤 것이 있을까요? 그 로봇을 이용했을 때 해결 방법은 무엇이 있을까요?**

A: 햄스터로봇과 스택(Stack)프로그램을 이용하면 학생들이 쉽게 음성이 나오는 코딩을 할 수 있는데 마이크로:빗의 5X5 LED 기호가 아니라면 햄스터로봇의 근접센서를 이용해서 특정한 말을 하게 해서 의사소통을 시도해 볼 것을 학생들에게 제안하겠습니다. 비트브릭도 이런 상황에서 쉽게 사용할 수 있습니다.

 **언어장애에 대한 책을 선정한 이유가 있으신가요?**

A: 고정욱 작가님의 '가방 들어주는 아이'도 노벨 엔지니어링 프로젝트를 한 적 있는데 우리가 장애라고 하면 육체적인 장애를 고정관념처럼 떠올리는데 언어장애를 다룬 책을 추천받게 되어서 선정하게 되었습니다.

 **소인수 학급에서 마이크로:빗을 노벨 엔지니어링에 적용할 때 힘든 점이 무엇인가요?**

A: 역시 피지컬 컴퓨팅은 코딩을 하려고 할 때부터 준비할게 많다는 게 문제였던 기억이 있습니다. 노트북이나 PC를 준비하고 USB선을 연결하고 makecode 웹사이트를 띄우면 한 시간이 다 가버린 적도 제법 있어서 쉬는 시간에 ICT역량이 있는 학생들에게 부탁해서 같이 프로젝트를 준비했던 기억이 납니다. 교사 혼자하기는 준비할게 너무 많아요. 학생들에게 역할과 책임을 주고 같이 준비해보세요.

저는 작아도 힘은 세답니다! 씩씩한 리디아의
# 식물재배를 도와주는 도구를 만들자!

## ✔ [리디아의 정원] 프로젝트 이야기

  2015 개정교육과정 국어 교과서에 수록된 리디아의 정원은 많은 사람들이 사랑하는 책으로 데이비드 스몰의 아름다운 그림과 [Library]의 작가 사라 스튜어트의 글이 어우러진 작품이다.

  리디아의 정원을 읽고 두 가지 프로젝트를 진행했었다. 첫 번째는 테이크아웃 가든 프로젝트로 재활용 테이크아웃 컵으로 화분을 만들어 오염을 줄여보는 프로젝트였고 두 번째는 [게릴라 가드닝]으로 우리 주변에 아름다운 꽃들의 씨앗 폭탄을 만들어 디지털 지도에 표시하는 프로젝트를 진행했었다. 노벨 엔지니어링으로 만나는 리디아의 정원은 조금 다른 느낌이었다. 학생들은 이 책이 가진 잔잔하지만 마음이 따뜻해지는 매력을 느낄 수 있었으며 잘 사는 것으로만 인식되던 미국이라는 나라 역시도 경제 대공황이라는 어려운 시기가 있었음을 의외라고 생각하는 것 같았다. 당시 읽고 있던 여러 가지 책 중에서 리디아의 정원이 학생들에게 선택된 데는 비슷한 나이의 주인공 리디아가 정원사(The gardener)라는 자신만의 꿈을 이루기 위해 어떤 상황에서도 기죽지 않고 예쁜 꽃밭을 주변사람들과 씩씩하게 만들어 나가는 데 공감되는 부분이 많이 있어서 일거라 생각했다.

  농촌에 있는 학교 옆을 지날 때 예전에 농기구 대리점이 있던 자리에 농사일을 돕는 드론 대리점이 들어온 걸 보게 되었고 각종 자료를 통해 드론을 통해 농약이나 비료를 주고 농사일을 돕는다는 사실을 알게 되었다. 더불어 실내에서 농작물을 길러 수확하는 스마트 팜에 대해서도 알게 되었다. 리디아의 정원 속에 나오는 인물들에게 이런 기술을 알려줄 수 있다면 더 많은 기회를 가질 수 있지 않을까 하는 생각이 들었다. 또, 프로젝트를 진행하는 학생들과 같은 나이인 주인공 리디아가 경제적인 이유로 제빵 업을 하는 외삼촌 집에 얹혀 살기 위해 집을 떠나는 것에 대한 안타까움을 느끼고 리디아가 꿈꾸는 농부나 꽃을 가꾸는 것에 대한 어려움을 학생들이 공감할 수 있으리라 생각했다. 그 곤란함을 해결하기 위해 공감에서 나오는 힘으로 멋진 아이디어를 낼 것을 기대했다.

# 1 노벨 엔지니어링 준비하기 (수업 전)

## 가. 이런 프로젝트를 할 수 있어요

**책 읽기를 통해**
- 인성교육
- 1930년대 미국의 대공황시대
- 진로 적성교육
- 이웃사랑

**엔지니어링 활동을 통해**
- 적정기술 적용
- 코딩 가능한 드론(Drone)활용
- 습도센서, 마이크로:빗 활용 등

## 나 프로젝트 관련 성취기준

- [4국05-01] 이야기의 흐름을 파악하여 이어질 내용을 상상하고 표현한다.
- [4도02-02] 긍정적 태도의 의미와 중요성을 알고 어려움을 극복하기 위한 긍정적 삶의 태도를 습관화한다.

이 프로젝트에서 가장 중요하게 생각했던 부분은 공감을 통해 우리 세상을 아름답게 변화시키는 것이었다. 학생들이 어려움을 극복하는 가운데 긍정적 태도를 잃지 않았던 리디아의 태도를 본받길 원했다. 또 꿈을 이루기 위해 자신의 노력을 기울이는 태도와 과정에 가치를 두고 이러한 문제 해결의 과정을 학생들이 경험할 수 있도록 했다.

## 다. 이런 변화를 원해요

- 리디아가 살았던 1930년대 미국의 상황을 말해보기
- 미국의 대공황시대와 우리나라의 IMF시대를 연결 지어 말해보기(심화)
- 문제를 해결하기 적합한 구조물을 쓰임새에 맞게 설계하기
- 어려운 시절을 살았던 사람들은 어떤 도움이 필요한지 발표하기

## 라. 이렇게 준비해 보세요.

레고 브릭을 활용한 아이디어 토의

재활용품 활용 공간 마련
(생수통, 빨대, 바퀴, 골판지 등)

스토리텔링을 통한 문제해결과정 토의

코딩이 가능한 드론

레고 브릭을 활용하면 완성된 아이디어가 나오는데 시간이 많이 걸리는 단점이 있지만 학생들이 브릭으로 스토리를 만들어가면서 아이디어를 서로 말할 수 있다는 장점이 있다.

머리로 생각하기보다 손으로 친숙한 레고 브릭을 결합해 가며 생각하는 방식으로 특정한 것을 정해 놓지 않고 떠오르는 이야기를 해 나갈 수 있어 등장인물의 문제해결을 위한 아이디어 창출에 도움이 된다.

이번 프로젝트의 경우 농장을 미리 만들거나 꽃밭을 가정한 주변 환경을 상징적으로 만든 후 레고를 덧붙여 가는 방법을 선택했다. 이를 통해 학생들도 농사일을 돕기 위해 직면한 어려움을 어떤 방법으로 해결해 나갈 것인지 서로가 자유로운 분위기 속에서 말할 수 있다. 레고가 아니어도 클레이나 간단한 구조물 등을 활용하면 같은 효과를 낼 수 있다.

학생들에게 어떤 도구를 사용하거나 로봇, 드론 등을 한정하면 오히려 아이들의 창의성을 가로막을 수 있어서 학생들이 자신의 생각을 발휘할 수 있는 기회를 제공하기 위해 우리 주변에서 많이 사용하는 재활용품들을 문제 해결을 위해 만드는 구조물의 재료로 사용할 수 있도록 하였다. 문제해결 과정에서 주로 사용한 것은 코딩이 가능한 드론이었는데 비교적 저렴한 가격에 원하는 명령들을 잘 수행할 수 있었다. 드론을 움직이면서 학생들이 처음 생각한 문제해결 방법에 근접한 방식으로 작동하고 표현할 수 있길 바랐다.

## 마. 준비하는 팁

- 완성된 구조물을 만든다는 생각을 버리고 자유로운 표현과 과정에 중심을 둔다.
- '마스킹 테이프'를 사용하면 복잡한 장치 없이 쉽게 고정이 가능하다.
- 프로젝트 중 학생들의 창의적인 사고가 진행되는 것을 기록하는 장치를 미리 마련한다.
- 서로 활발하게 의사소통할 수 있는 교육방법을 사용한다. (예) 이그나잇, 하부르타

## 2 노벨 엔지니어링 활동하기(수업 중)

### ✔ 수업 흐름 한 눈에 보기

**한 걸음: 정성들여 책을 읽어보기**
- [리디아의 정원] 책을 읽고 처음 중간 끝으로 나눠 질문하며 읽어봅시다.

**두 걸음: 어려움을 함께 느껴 보기**
- 내가 리디아처럼 가족과 떨어져 지내야 한다면 힘든 점은 무엇이었을지 말해 봅시다.

**세 걸음: 주인공이 처한 문제 찾기**
- 리디아가 겪는 문제는 무엇인지 무엇을 하고 싶어 하는지 발표해 봅시다.

**네 걸음: 문제해결방법 찾기**
- 작지만 씩씩한 아이 리디아를 도와줄 방법을 공학적 힘으로 찾아봅시다.

**다섯 걸음: 발표하고 피드백으로 개선하기**
- 발표하고 조언을 받아 문제해결방법을 개선해 봅시다.

**여섯 걸음: 이야기 바꾸기**
- 새롭게 바뀐 이야기를 상상하여 이야기를 써 봅시다.

## 가. 책 읽기

[초등학교 3,4학년] 리디아의 정원
그림: 데이비드 스몰 글: 사라스튜어트

[줄거리] 꽃을 사랑하는 소녀 리디아, 아버지가 직장을 잃고(대공황) 생활이 어려워지자 리디아는 제빵사인 외삼촌댁으로 가게 된다. 외삼촌은 무뚝뚝한 사람으로 웃음이 없으신 분, 그러나 리디아는 씩씩하고 밝은 성격으로 빵을 만드는 법도 배우고 점차 적응해 나간다. 하지만 리디아가 가장 잘하고 좋아하는 것은 아름다운 정원을 가꾸는 것! 리디아의 주변은 점점 아름다운 꽃과 식물로 바뀌어 간다. 외삼촌에게 비밀로 했던 아름다운 옥상 정원을 보여주며 깜짝 놀라게 한 리디아는 외삼촌의 진심어린 케잌선물을 받고 아버지가 다시 취직이 되셨다는 소식과 함께 리디아는 외삼촌과 이별하며 그리운 고향으로 돌아와 꽃과 식물을 가꾸게 된다.

 리디아의 정원은 시대적 배경도 이야기의 진행에 중요한 역할을 하기 때문에 해당되는 자료를 찾아 그 부분을 미리 이야기 나누고 경제대공황에 대한 이해를 도왔다. 이때 미국의 경제대공황 시대의 원인이나 흐름을 3, 4학년 학생들 수준에 맞춰서 설명한 후 그 시대의 의상(옷), 음식 등 읽을 때 도움이 되는 자료들을 학생들과 함께 찾아가며 읽었다.
 학생들이 리디아를 공감할 수 있도록 만일 내기 형편이 어려워져 가족과 떨어져 살게 된다면 어떤 마음일지 생각하며 읽어보고 리디아처럼 주변 사람들에게까지 좋은 영향력을 행사할 수 있을지 생각하며 읽어보도록 했다. 이를 위해 내가 주변을 변화시킬 수 있는 게 무엇이 있을지 자신의 능력과 좋아하는 것에 대해 생각해보고 서로 이야기 하며 읽었다. 그리고 [리디아의 정원]은 글뿐만 아니라 삽화, 그림의 비중이 큰 책이어서 그림의 변화나 그림이 나타내는 내용에 대해서도 함께 생각하며 읽도록 하였다.

포스트 잇을 활용하여 등장인물에게 질문하고 답변해보기

 책을 읽은 후 각 등장인물에게 왜 그런 행동을 했는지? 왜 그런 말을 했는지? 그렇게 된 배경은 무엇인지? 포스트 잇에 적어 묻고 다시 우리 스스로 답변을 해보는 '자문자답'의 형태로 수업을 해보았다. 이야기를 초반, 중반, 종반으로 나누어 초반에는 인물의 성격이나 배경에 대한 질문, 중반에는 사건에 대한 질문, 종반에는 전체적인 내용과 이야기가 끝난 후 이어지는 이야기에 대한 질문을 예시로 주었다.

## 나. 공감하고 문제 찾기

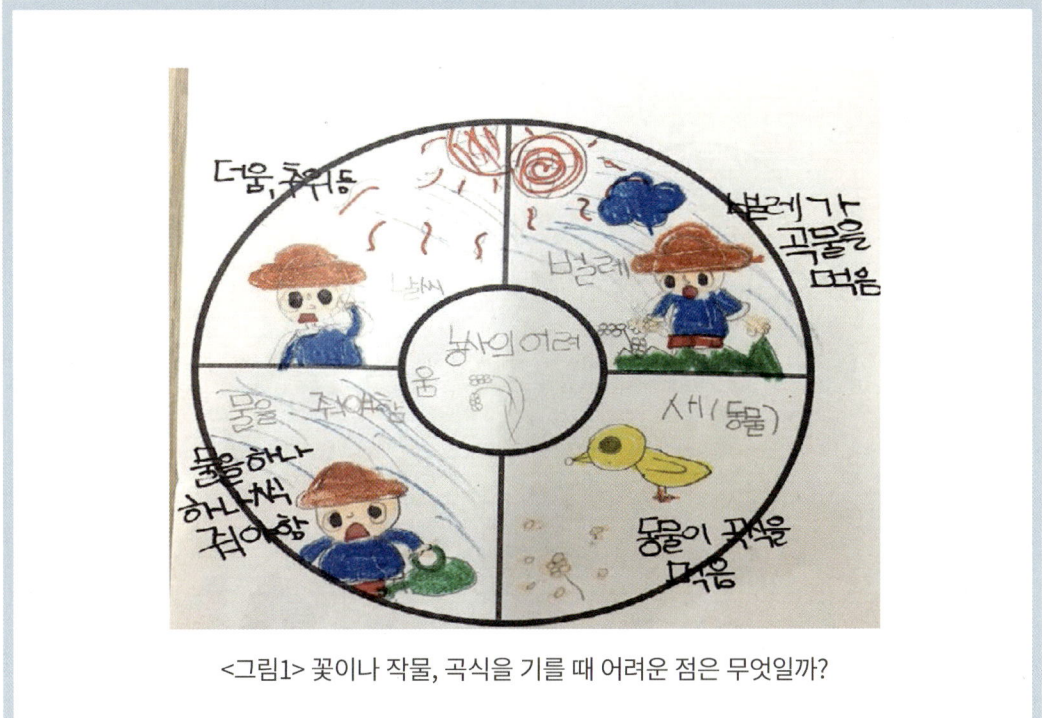

<그림1> 꽃이나 작물, 곡식을 기를 때 어려운 점은 무엇일까?

 리디아의 정원은 원래 꽃을 가꾸는 정원사의 꿈을 가진 리디아가 곤란한 가정의 상황에 의해 다른 지역으로 가게 되기에 농사를 짓는 어려움이나 꽃이나 나무를 가꾸는 노력과 힘든 상황을 생각하며 이야기를 모으고 생각을 나눌 수 있다. 농사를 경험하지 못한 아이들은 생각이 단편적일 수 있으니 다양한 상황에 대해 서로 이야기 나누고 현대 농사 기법에는 무엇이 있는지 살펴보았다. 농업과 관련한 다양한 생각과 어려움을 찾아보도록 했고 인터넷이나 뉴스, 신문기사 등도 검색해서 농사를 짓거나 꽃, 작물을 가꿀 때 어떤 어려움이 있는지를 여러 관점에서 바라볼 수 있도록 했다.
 학급에서 배추흰나비를 기른 경험을 떠올리며 배추흰나비 애벌레가 예상보다 빠른 속도로 케일 잎을 갉아먹는 걸 보면서 느꼈던 감정을 서로 공유할 수 있도록 했다. 또, 실제 농사를 짓고 있는 할아버지, 할머니가 계신 친구를 통한 경험을 이야기해 보면서 농사의 어려움 공감할 수 있도록 했고 농사일에 힘든 누군가를 도와주고 싶다는 동기를 부여하고자 하였다.

## 다. 공학적 문제 해결 방법 찾기

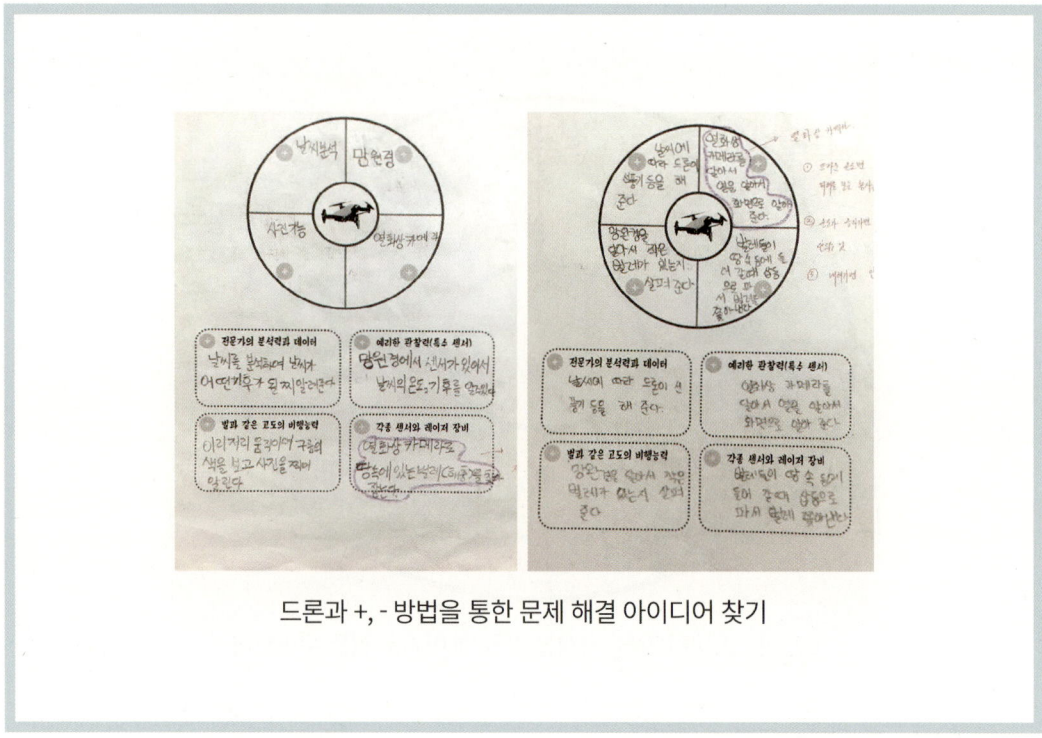

드론과 +, - 방법을 통한 문제 해결 아이디어 찾기

 꽃과 작물을 기르는 어려움을 알고 이를 도와줄 수 있는 공학적 방법을 찾는 과정에서 드론과 드론의 카메라를 떠올리는 학생들이 나왔다. 연결되어 있는 인공지능이 드론을 제어하는 동영상을 함께 보며 드론을 활용할 수 있는 가능성의 범위를 확인할 수 있었다.
 이후 +,- 더하기, 빼기 사고를 통해 + (드론의 기능에 추가시킬 수 있는) - (드론이 줄여줄 수 있는) 아이디어를 만들어 나갔다.
 드론의 비행기능은 바퀴가 달린 주행로봇에 비해 단순하지만 공간적 문제를 해결할 수 있다고 보았으며 상상이 자유롭고 꽃과 식물의 위치에 다가가는 것만으로 필요한 기능을 수행할 수 있다고 가정했다. 학생들은 드론에게 순차 명령을 주고 이후의 일은 아이디어를 충실하게 설명하도록 했다. 너무 현실과 동떨어진 아이디어를 제시할 수 있어서 현재 사용하고 있는 센서의 종류를 설명해주고 센서와 결합된 아이디어로 해결해보도록 제한하였다. 이 과정을 통해 현실성 있는 드론을 활용한 문제해결방법의 아이디어들이 나오기 시작했다.
 코딩이 가능한 두, 세 가지 모델이 있는데 실행할 때 오류가 가장 적은 모델을 선정하였다. 이 모델은 스크래치를 활용하여 블루투스를 연결하는 방식과 스마트패드에서 드론 블럭스(Drone Blocks)앱을 활용하여 연결하는 두 가지 방식으로 활용할 수 있었다. 이동성을 확보하기 위해 드론 블럭스를 활용하였지만 안정감 있는 코딩을 위해서는 스크래치를 활용하는 것이 낫다.

이후 줄자를 활용해 실제 거리를 측정하고 그 값(데이터) 코딩하여 정확한 위치로 드론을 보내고 필요한 동작을 할 수 있게 하였다.
 거리 측정 - 명령 순서대로 적기 – 순서대로 코딩 – 실제 비행거리나 동작과의 오차 확인 – 디버깅 – 재실행 – 확인의 순서로 공학적 해결과정을 전개하였다.

문제해결을 위해 실제 꽃밭이나 작물을 가꾸는 지역을 인쇄하여 시뮬레이션 하는 장면(아이들이 큰 종이에 손수 그려도 특색있는 배경지 탄생)

드론이 비행할 길이를 재면서 문제해결의 가능성을 떠올려보는 장면

실제로 상황을 그려보면서 아이디어를 떠올리는 활동

 이 과정을 통해 꽃에 물을 적당량을 뿌려주는 드론을 고안한 학생, 리디아를 도와주고 빵을 굽느라 힘든 외삼촌의 빵을 배달하는 로봇을 고안한 학생, 리디아가 가꾼 꽃을 배달하는 드론 아이디어를 낸 학생, 위에서 촬영했을 때 농작물의 색깔의 변화로 병충해 정도의 확인, 열매의 당도 측정 등 실제 드론이 가까운 미래에 활용될 만한 분야의 아이디어를 많이 볼 수 있었다.

깨끗하게 모아놓은 재활용품을 재료로 리디아를 도울 수 있는 구조물을 고안하기

재활용품을 활용하여 리디아를 도와줄 수 있는 구조물 만들기

 드론을 사용하는 방법도 있지만 가정과 학교에서 버려지는 재활용품들 중에 구조물을 만드는 데 적합한 것들만 깨끗하게 모아서 자신의 창의력을 맘껏 발휘하도록 해보았다.
 글루건, 털실, 마스킹 테이프, 캔 등을 활용해서 만드는 구조물들은 구입한 완제품보다 좋지 않았지만 오히려 학생들은 자신의 의견을 구체화하는 과정에서 대단히 즐거워하고 적극적이었다. 작은 톱니바퀴 하나를 만들고 바퀴가 굴러가게 하는 과정 속에서도 진지하게 노력하고 설명하는 모습이 인상적이었다.

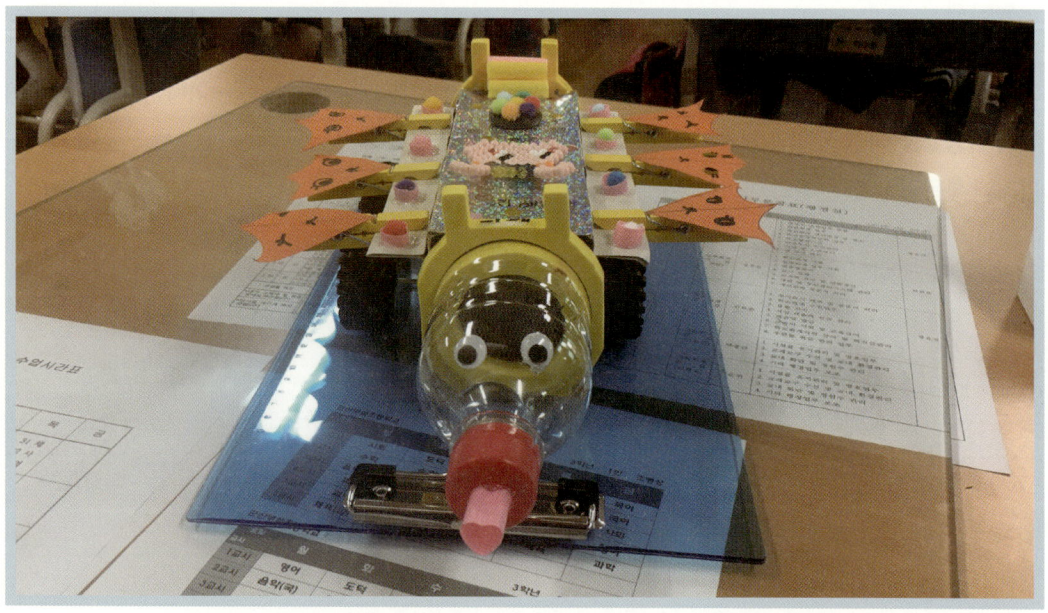

### 라. 피드백 찾기

 재활용품으로 기본적인 구조물을 만들거나 드론 코딩이 끝난 후 학생들과 원형(Prototype)을 공개하며 발표했다. 대부분은 굉장히 미흡한 모양새를 보여주고 있었지만 발표와 질문 그리고 의견 주고받기가 활발하게 진행되었다.

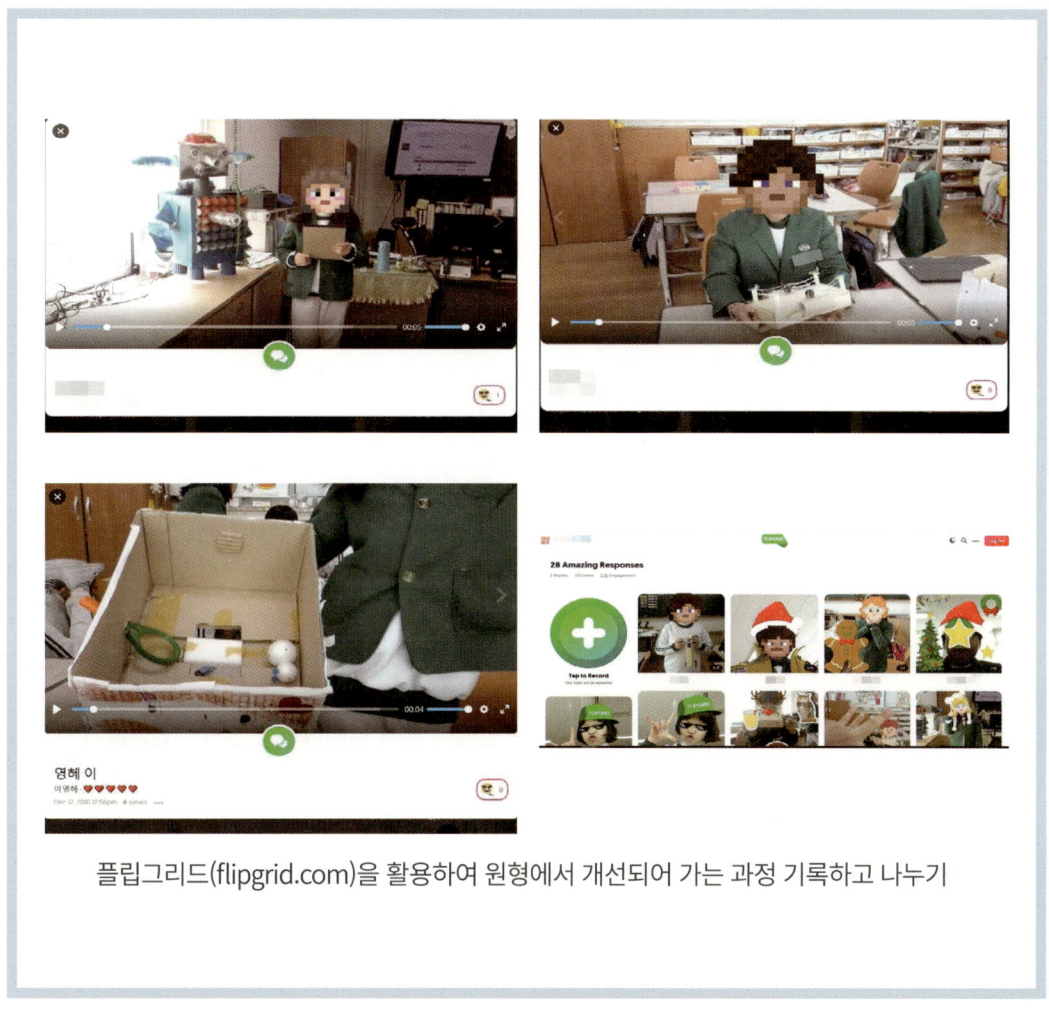

플립그리드(flipgrid.com)을 활용하여 원형에서 개선되어 가는 과정 기록하고 나누기

 발표와 토의가 끝난 후 기능적인 피드백보다는 학생들이 만든 구조물의 쓰임새에 대한 이야기를 많이 유도하였다. 이 구조물이 절실하게 필요한지 정말 도움이 될 것인지 왜 도움이 되는 건지에 대한 발문을 통해 학생들과 원형을 개선하기 위한 시간을 가졌다. 이러한 과정을 통해 아픔을 제대로 공감하거나 자신이 비슷한 경험이 있는 학생들은 실제 제품에 근접하는 구조물을 만들기 시작했다.

## 마. 이야기 바꿔 쓰기

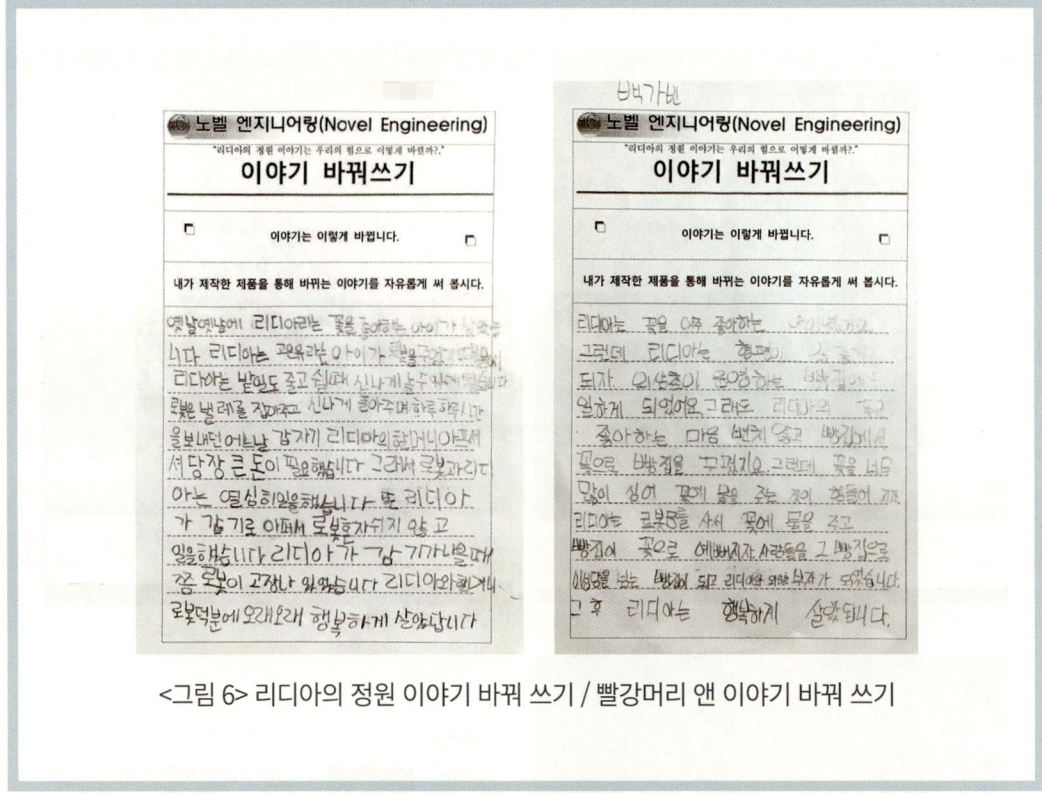

<그림 6> 리디아의 정원 이야기 바꿔 쓰기 / 빨강머리 앤 이야기 바꿔 쓰기

 피드백과 개선 작업이 끝난 후 비슷한 시대를 다룬 빨강머리 앤과 리디아의 정원의 주인공들이 우리가 만든 구조물들을 활용해서 이들이 겪고 있는 어려움을 극복하는 과정을 새로운 이야기로 써보도록 했다. 눈에 띈 것은 3줄을 넘어가기 힘들던 남학생들이 꽤 많은 양의 글을 생산해 낸 것이다. 그 구조물을 설명하고 어떻게 동작한다는 것에 꽤 많은 지면을 할애하면서 목표에 근접한 쓰기 결과물을 보여주었다.
 특히, 인상적이었던 부분은 리디아가 힘든 시기를 극복하고 오히려 부모님이나 할머니 일을 도와주는 것이 아니라 직접 창업을 해서 가족을 일으킨다는 내용도 있었다. 당연히 아이들 생각이 일을 물리적으로 도와주는 로봇이나 드론을 만들거나 설계할거라 생각했는데 많은 학생들은 리디아가 같은 나이의 친구도 없고 학교에 가거나 공부를 하는 모습도 거의 없다는 것을 걱정하며 리디아의 감정을 어루만지는 '소셜로봇' 즉, 친구로봇을 많이 말한 부분은 인상적이었다. 힘든 일을 도와주는 업무용 로봇이나 드론의 이야기가 많이 나올 거라 생각했다. 그런데 아이들은 일을 도와줄 로봇 보다 자신의 친구가 되어줄 또는 가족과 떨어져 지내야 하는 '리디아의 외로움'에 더 공감한 것이다.

# 3 노벨 엔지니어링 돌아보기 (수업 후)

## 가. 수업에서 성장 찾기

수업 전과 비교하여 수업을 통해 어떤 성장(발전)이 이루어졌는지 살펴보면 프로젝트 초반 학생들에게 안내했던 평가 기준에 비추어 보게 되었다. 프로젝트를 통해 학생들은 과연 어떤 성장을 보여 주었을까?

- 미국의 대공황시대와 우리나라의 IMF시대를 연결 지어 말할 수 있는가?
- 문제를 해결하기 적합한 구조물을 쓰임새에 맞게 설계하였는가?
- 그 구조물을 왜 생각하게 되었나? 그 구조물을 만들기 위해서 필요한 재료는 무엇이 있는지 쓸 수 있는가?
- 어려운 시절을 살았던 사람들은 어떤 도움이 필요한지 발표할 수 있는가?
- 새롭게 쓴 [리디아의 정원]이야기의 줄거리를 말할 수 있는가?

○○학생은 리디아의 정원의 스토리가 자신이 읽었던 다른 소설들과 비슷하다는 말을 했다. 작은아씨들, 제인 에어, 빨강머리 앤 등을 떠올리게 되었다. 리디아의 정원에서 자신이 만든 구조물이 다른 소설의 주인공도 도울 수 있을 것 같다고 했다.

○○학생은 글쓰기에 대한 관심보다는 드론의 작동에 대한 관심이 많았는데 이번 프로젝트 초반부터 드론이나 다른 기기를 언제 사용하는지에 계속 관심을 가지고 질문해왔다. 대부분의 시간을 주인공들의 어려움을 공감하는데 집중하자 집중력이 약해지는 모습도 보였지만 발표와 피드백 과정 안에서는 한층 발전된 의사표현과 개선책을 내놓아 초반보다 발전된 모습을 보여주었다.

○○학생은 플립그리드를 통해 점진적으로 자신의 생각을 구체화시키는 모습을 뚜렷하게 볼 수 있었다. 원형(Prototype)의 허술하고 다소 추상적인 내용을 프로젝트 종반에는 실제로 작동하고 구체화된 발표를 통해 듣는 이에게 감동을 줄 수 있었다.

## 나. 수업을 돌아보며

레고 브릭과 미니 피규어(사람모양의 레고모형)를 이용하여 구성원들과 스토리텔링을 함께 한 후 프로젝트를 진행하면 전체 동기부여와 공통된 주제를 이끌어 가는데 도움이 된다.

프로젝트를 처음 시작할 때 드론코딩 쪽으로 학생들을 이끌고 참여시킨 것은 화려하고 흥미는 있었지만 오히려 자신이 진짜 만들고 싶었던 것을 하지 못해 아쉬운 부분이었다.

재활용품에 로봇들을 마스킹 테이프로 부착하면 모양은 엉성하고 미흡하지만 리디아를 도와줄 멋진 구조물을 쉽고 빠르게 만들 수 있다. 학생들의 창의성을 위해서는 구조물을 만들 때 제한된 환경보다는 자유롭게 뜻을 펼칠 수 있는 환경을 마련해 주는 게 좋다는 생각을 갖게 되었다. 학생들에게 제시는 하되 제한은 두지 않고 학생들이 스스로 제작하다 돌파구가 필요할 때 교사가 촉진자의 위치에 서는 것이 좋은 결과를 이끌어내었다.

## 다. 궁금? 궁금!!!(Q&A)

**Q** '리디아의 정원'이라는 책을 노벨 엔지니어링 프로젝트에 선정한 이유가 무엇인가요?

A: 이 책으로 수년간 여러 가지 프로젝트를 했는데 가장 마음이 끌렸던 부분은 마음이 따뜻해지는 감동이 있다는 것입니다. 무엇보다도 아무리 좋은 것을 만들어내고 아이디어가 좋아도 결국 사람을 이롭게 하는데 가치를 두면 좋겠어요.

**Q** 재활용품을 활용하면 뭔가 지저분하고 모양도 예쁘지 않아서 교실 수업에서 쓰기가 망설여집니다. 굳이 재활용품을 이용해야 할까요?

A: 물론 더 좋은 깔끔한 재료가 있다면 사용해야겠지요. 그런데 어린 시절을 떠올려 보시면 무엇인가를 만든 다라는 순수한 즐거움을 느꼈던 게 옷장에 널려있던 옷걸이, 나무 조각, 주워 온 병, 와이셔츠 포장 상자 같은 것들을 오리고 붙이며 나름대로 상상했던 것들이었습니다. 우리 아이들에게 규격에 짜여진 과제가 아니라 원하는 것을 맘껏 표현하는데 포커스를 맞춰보면 답이 나올 거라 생각합니다. 이 생각은 Lifelong Kindergarten이라는 미첼 레스닉 교수님의 저서를 보면서 확실해졌습니다. 메이커나 노벨 엔지니어링을 적용하기 위해서는 일독을 권장합니다.

적정 기술로 지구촌 문제 해결하기
# 아프리카의 니아를 도와주세요!!

## ✔ [우물파는 아이들] 프로젝트 이야기

　4차 산업혁명 시대에 맞춰 학생들이 직접 문제를 해결하고 만드는 메이커 교육이 강조되고 있다. 메이커 교육을 수업에 적용하기 위해 다양한 고민을 해보았지만 교과 수업 목표와 별개로 이루어지거나 일회성으로 그치는 경우가 많아 아쉬웠다. 아쉬움을 극복하기 위해 다른 교과와 융합하는 메이커교육에 대한 고민이 많았다. 그러던 중 노벨 엔지니어링이라는 수업방법을 활용하면 이야기 속에서 문제 상황을 파악하고, 문제를 공학적으로 해결 후 글쓰기 과정으로 교과 융합 메이커 교육을 할 수 있을 것이라는 생각이 들었다.

　평소 관심이 있었던 적정 기술과 연관하여 사회 6학년 '지구촌 문제'를 노벨 엔지니어링을 접목한 수업 주제로 정했다. 적정 기술이란 대규모의 자원이나 기술을 사용하지 않고 사회적 문제를 해결할 수 있는 적절한 기술로, 소외된 지역의 사람을 위한 기술이라고 할 수 있다. 적정 기술을 적용할 수 있는 아프리카의 문제를 다룬 동화책을 찾다보니 '우물 파는 아이들'이라는 책이 눈에 들어왔다. 이 이야기를 통해 지구촌의 여러 가지 문제 중 아프리카의 문제를 파악하도록 했다. 그리고 이야기 속 문제를 해결하는 경험을 통해 적정 기술에 대해 이해하는 프로젝트를 계획하였다. 이 프로젝트로 학생들이 지구촌 문제를 이해하고 나아가 직접 지식과 기술을 이용하여 해결하는 경험을 하는 의미가 있는 수업을 하고 싶었다.

　이 프로젝트를 통해 학생들이 지구촌의 문제를 질문을 통해 생각하고 내면화하기를 바라며 수업을 계획했다. 이를 위해 학생들이 질문을 만들고 서로 물어보며 주인공의 어려움을 파악하기를 바랐다. 그리고 학생들이 지구촌의 문제를 해결하는 경험을 하며 지구촌 문제 해결에 도움을 줄 수 있다는 태도가 길러지기를 기대했다. 이 작은 프로젝트로 학생들이 지구촌의 문제를 마음으로 느끼고 내가 도움을 줄 수 있는 사람이라는 태도를 함양했으면 좋겠다.

## 1 노벨 엔지니어링 준비하기 (수업 전)

### 가. 이런 프로젝트를 할 수 있어요

**책 읽기를 통해**
- 아프리카의 물 부족 문제
- 아프리카 내전으로 인한 피해
- 지구촌의 문제 이해

**엔지니어링 활동을 통해**
- 적정기술
  (물 길어오는 장치, 정수장치 등)

### 나. 프로젝트 관련 성취기준

- [6실05-04] 다양한 재료를 활용하여 창의적인 제품을 구상하고 제작한다.
- [6실07-03] 세계 주요 기후의 분포와 특성을 파악하고, 이를 바탕으로 하여 기후 환경과 인간 생활 간의 관계를 탐색한다.
- [6사08-06] 지구촌의 주요 환경문제를 조사하여 해결 방안을 탐색하고, 환경문제 해결에 협력하는 세계 시민의 자세를 기른다.

 이 프로젝트에서 가장 중요하게 생각했던 부분은 학생들이 지구촌 문제를 해결하기 위해서 '적정기술'이라는 개념을 알고 해결하는 마음을 함양하는 것이다. 지구촌 문제와 그에 대한 해결방법을 탐색하고 환경문제 해결에 협력하는 세계 시민의 자세를 기르는 성취기준에 따라, 교과서에서는 동전을 모으고 관련 단체를 후원하는 등 간접적인 해결책을 지구촌 문제 해결방법으로 제시한다. 교사는 간접적인 해결방법을 이해하기 보다는 이 프로젝트를 통해 학생들이 지구촌 문제를 직접 돕는 경험을 하도록 하고 싶었다. 이를 위해 지구촌 문제를 해결하는 데 적절한 수준의 기술을 제공하는 '적정 기술'의 개념을 알고 실제 사례를 개발해보도록 프로젝트를 운영하였다.

## 다. 이런 변화를 원해요

- 책을 통해 지구촌의 여러 문제 중 아프리카의 문제를 파악하기
- 니아의 어려움을 해결하기 위하여 적정 기술을 활용하여 도울 방법 생각하기
- 적정 기술을 활용한다면 니아의 삶에 어떤 변화가 있을지 상상하며 글쓰기
- 지구촌의 문제를 이해하고 함께 해결하려는 태도 함양하기

## 라. 이렇게 준비해 보세요.

프로젝트를 위한 재활용품
(출처: 창원시 재활용 홍보센터)

---

 이 프로젝트에 참여한 학생들은 메이커교육의 경험이 많지 않아 무언가를 이용해 제품을 만드는데 서툴렀다. 그래서 학생들이 정교하고 완성도가 높은 도구를 만들기 보다는, 재활용품을 활용해 적정 기술을 구현해보는 경험에 중점을 두어 수업을 진행하였다. 이를 위해 도구를 만드는 데 복잡한 준비물보다는 주위에서 쉽게 구할 수 있는 재활용품을 활용하는 것이 좋다고 생각했다. 학생들이 재활용품을 쉽게 접하여 친숙하게 느끼는 장점이 있었고, 주인공인 니아의 입장에서도 구할 수 있는 재료여서 재활용품을 이용한 프로젝트를 생각했다. 하지만 재활용품이 학생들이 쉽게 접하고 친숙한 재료인 반면, 그만큼 많이 다뤄보고 무엇을 만들어 본 경험이 교사의 생각보다 적어 잘 다루지 못했다. 학생들이 의도한 결과를 재활용품을 이용해 정확히 구현하지 못한 점이 아쉬웠다.

### 마. 준비하는 팁

- 3D 프린터를 활용하면 더 다양하고 확장된 결과물을 얻을 수 있다.
- 업사이클링과 같은 재활용품을 활용한 수업을 많이 진행했다면, 수준이 높은 결과물을 만들 수 있다.

## 2 노벨 엔지니어링 활동하기(수업 중)

### ✔ 수업 흐름 한 눈에 보기

**한 걸음: 정성들여 책을 읽기**
- [우물파는 아이들] 책을 읽으며 아프리카 수단에 사는 니아의 삶을 이해해봅시다.

**두 걸음: 문제를 찾고 어려움에 대해 함께 느끼기**
- 하브루타를 이용하여 책에서 찾을 수 있는 질문, 책 내용을 바탕으로 유추할 수 있는 질문을 만들며 책의 내용을 파악하고 주인공의 어려움을 공감해봅시다.

**세 걸음: 문제해결 방법 찾기**
- 니아가 깨끗한 물을 마실 수 있도록 여러 해결방법을 브레인스토밍을 통해 찾아봅시다.

**네 걸음: 발표하고 피드백으로 개선하기**
- 가지고 다니기 쉽게 만들면 좋겠다는 피드백을 활용해 라이프 스트로우를 개선해봅시다.

**다섯 걸음: 이야기 바꾸기**
- 우리의 해결방법을 이용한다면 니아의 어려움이 어떻게 해결될지, 그로 인해 니아의 삶이 어떻게 바뀔지 이야기의 뒷부분을 상상하여 써봅시다.

## 가. 책 읽기

[초등학교 6학년] 출판사: 개암나무
글: 린다 수 박, 옮김: 공경희

[줄거리] 1990년대 후반 전쟁으로 인해 난민이 되어 떠돌아다니는 딩카족 '살바'와 2000년대 초반 가족을 위해 매일 여덟 시간을 걸어가 물을 길어오는 누어족 '니아'의 이야기를 통해 아프리카 수단의 과거와 현재의 고통을 보여준다.

이 책은 아프리카 수단에서 물 부족 문제를 겪는 살바와 니아의 이야기를 담고 있다. 교사는 프로젝트 수업을 위하여, '살바'와 '니아'의 이야기 중 '니아'의 이야기만 편집하여 학생들에게 제시하였다. 학생들은 니아의 이야기를 읽고 수단에서 일어나는 물 부족 문제를 이해하고, 그로 인한 니아의 어려움을 파악했다.

---

● 이야기를 읽고 다음과 같은 질문을 만들어 묻고 답하기 활동을 해봅시다.

[사실적 질문] : 이야기 속에서 찾을 수 있는 질문
          예) 니아는 물을 긷기 위해 몇 시간을 걸어갔나요?
             니아는 어떤 도구를 사용하여 물을 길었나요?

[추상적 질문] : 이야기를 통해 유추하여 답을 찾을 수 있는 질문
          예) 니아는 긴 시간 물을 길어오며 어떤 생각이 들었을까요?
             니아는 동생이 아프다는 소식을 듣고 어떤 마음이 들었을까요?

하브루타 수업을 통해 질문 만들기

---

교사는 학생들과 책을 같이 읽은 뒤 내용을 파악하기 위하여 하브루타 수업을 활용하였다. 하브루타 질문 만들기를 이용하여 교과서에서 답을 찾을 수 있는 '사실적 질문' 만들기와 교과서의 내용을 바탕으로 유추하여 답을 찾을 수 있는 '추상적 질문' 만들기를 하였다. 책의 전반적인 내용을 파악하기 위해 사실적 질문을 활용한 하브루타 수업을 다음과 같이 진행하였다.

▶ 개인 활동 : 책에서 답을 찾을 수 있는 사실적 질문 만들기
▶ 짝 활동 : 짝과 사실적 질문 묻고 답하기
▶ 모둠 활동 : 짝과 나눈 사실적 질문 중 좋았던 질문 2가지씩 모둠에서 묻고 답하기
▶ 전체 활동 : 모둠에서 나온 사실적 질문 중 가장 좋은 질문 2가지씩 전체 묻고 답하기

## 나. 공감하고 문제 찾기

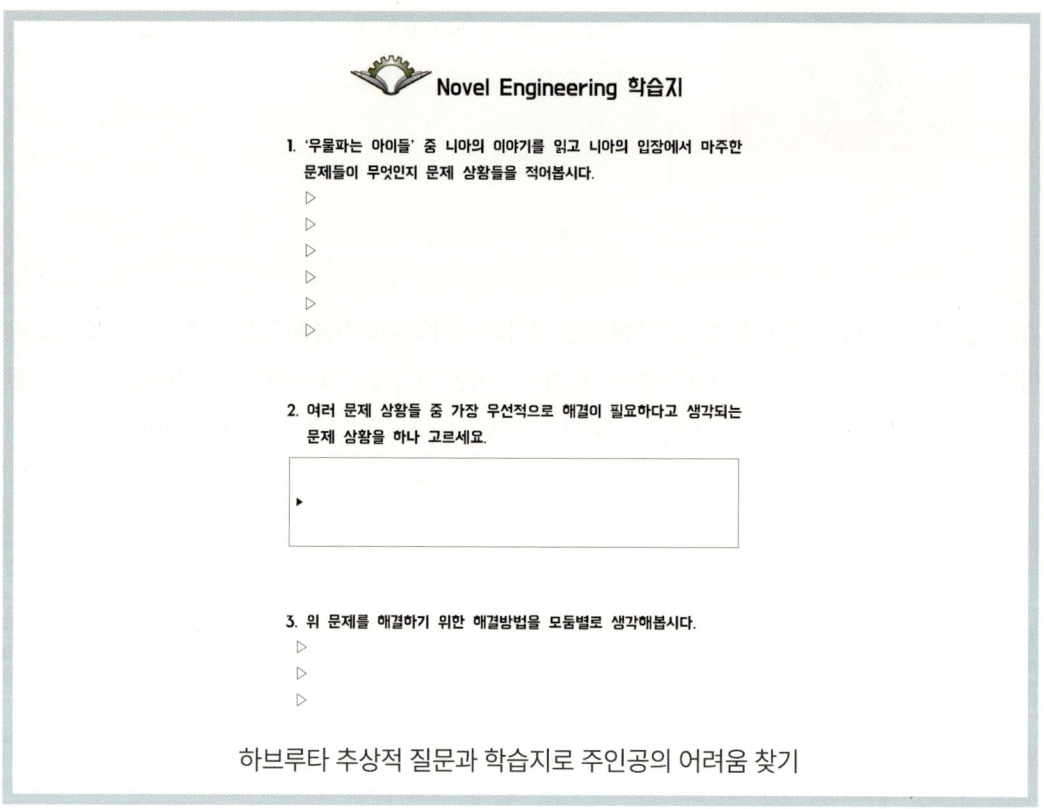

하브루타 추상적 질문과 학습지로 주인공의 어려움 찾기

하브루타 사실적 질문을 학생들과 묻고 답하며 이야기의 내용을 깊게 파악한 후 추상적인 질문을 통해 주인공의 입장에서 어려움을 겪는 문제점을 찾아보았다. 추상적 질문은 이야기에 답이 나와 있지 않기 때문에 주인공의 대화나 행동을 바탕으로 주인공의 마음을 유추할 수 있다. 등장인물의 역할을 맡아 추상적 질문에 답해보는 활동은 주인공의 마음을 더 깊이 이해하는 데 도움이 된다.

다음과 같이 추상적 질문을 활용해 주인공의 입장에서 어려운 점을 찾아보았다.

▶ 개인 활동 : 책에서 답을 찾을 수 있는 추상적 질문 만들기
▶ 짝 활동 : 짝과 추상적 질문 묻고 답하기
▶ 모둠 활동 : 짝과 나눈 추상적 질문 중 좋았던 질문 2가지씩 모둠에서 묻고 답하기
▶ 전체 활동 : 모둠별 가장 좋았던 추상적 질문 2가지씩 묻기, 대답할 때에는 내가 등장인물이 되었다고 생각하고 모둠별 추상적 질문에 대답하기

 이 이야기에서 주인공이 겪는 문제는 다양하다. 추상적 질문을 통해 학생들은 니아가 물을 길어올 때의 어려움, 더러운 물을 마시며 아파하는 동생을 통해 깨끗한 물의 필요성 등 다양한 문제 상황 중 니아가 가장 해결이 필요한 문제가 무엇일지를 생각했다. 다른 노벨 엔지니어링 프로젝트에서 학생들은 주인공에게 필요한 문제를 선정하는 것을 어려워했다. 하지만 하브루타 수업을 활용해보니 학생들이 문제 상황의 우선 순위를 더 쉽게 선정하였다. 무엇보다 이야기 속 주인공에게 해결이 필요한 문제를 정확히 설정하는 것이 중요하기 때문에 교사가 관심을 가지고 학생들을 도울 필요가 있다.

## 다. 공학적 문제 해결 방법 찾기

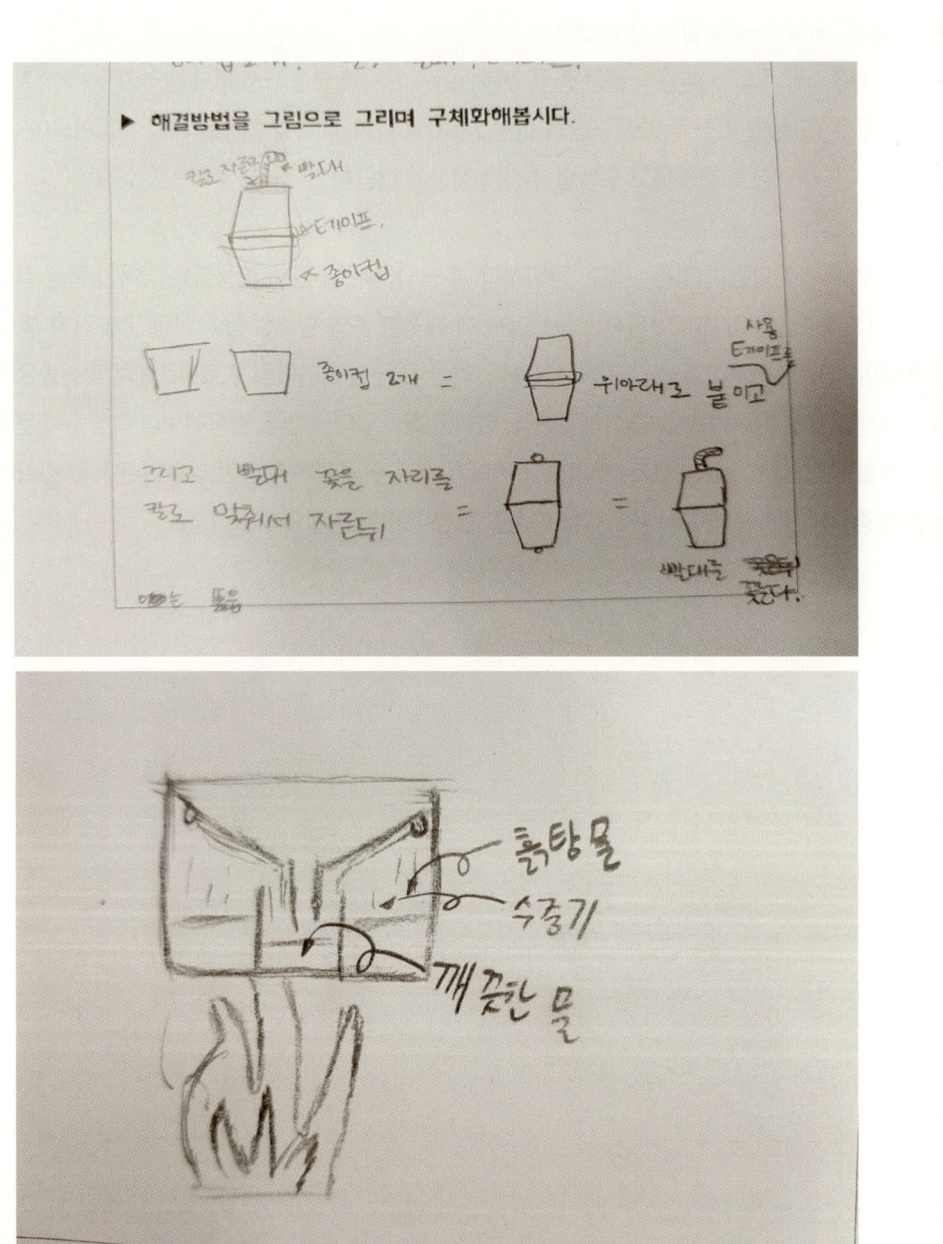

니아의 어려움 해결하기 위한 해결방법 설계하기

이 프로젝트에 참여한 학생들은 다양한 문제 상황 중 더러운 물을 깨끗하게 먹는 문제를 가장 중요한 문제라고 생각했다. 주인공의 입장에서 가족들이 아픈 모습을 보는 어려움을 공감하여 선정한 것 같다. 학생들은 더러운 물을 정수할 수 있는 해결방법으로 '정수 빨대'와 '증류 장치'를 생각했다.

정수 빨대는 손쉽게 가지고 다니면서 물을 마실 때 사용하는 도구로 안에 더러운 물을 정수할 수 있는 것들을 넣어 만드는 계획을 세웠다. 과학적인 지식이 많은 학생들은 더러운 물을 정수하기 위해 숯, 솜, 흡착제 등 다양한 정수 기능을 이용한 정수 빨대를 생각했다. 하지만 과학적 지식이 부족한 학생들은 정수 빨대 모양을 만들고 정수 기능에 대해서는 설명하지 못했다. 과학적 지식의 수준차가 있었으나 오히려 정수 빨대를 계획하며 모둠에서 협의를 통해 서로 가르치고 배우는 협력하는 모습을 볼 수 있었다.

정수 장치를 생각한 학생들은 니아가 어렵게 길어온 물을 장치에 넣어두면 물이 끓고 증발해 그 수증기를 모아서 깨끗한 물로 마시는 아이디어를 냈다. 이 장치를 실제로 만들기 위해서 과학시간에 알코올램프를 사용한 경험을 바탕으로 알코올램프를 가열 장치로 사용한 정수장치를 고안했다. 이 정수장치가 작동하는지 알아보기 위해 실제 흙탕물을 끓여 깨끗한 물을 얻을 수 있는지 실험을 해보기로 했다.

니아의 문제 해결할 수 있는 도구 만들기

학생들은 모둠별 계획대로 재료를 이용하여 니아의 문제를 해결해 줄 수 있는 해결 방법들을 만들기 시작했다. 더러운 물을 정수하여 마실 수 있는 정수 빨대를 만들기 위해 종이컵, 빨대, 정수기능을 갖춘 재료들을 이용하여 정수 빨대를 만들었다. 정수 기능을 위해 빨대 중간부분에 정수 기능을 가진 재료들을 넣어 조금이나마 정수가 되도록 만들었다. 학생들의 건강이 걱정되어 실제로 마시는 실험은 못했지만, 물을 흘려보냈을 때 깨끗해진 물이 나오는 모습을 볼 수 있었다.

정수 장치를 생각한 모둠에서는 알코올램프, 비커 등을 이용하여 실제 물을 끓여 증발시키는 정수 장치를 만들었다. 물을 끓여 생긴 수증기가 올라가다 고깔 모양의 천장에 부딪혀 가운데 집수병에 모아지는 원리를 이용했다. 밖에서 흙탕물을 가져와 비커에 넣고 알코올 램프로 증발시켜 증류된 물을 얻어 흙탕물과 색과 상태 등을 비교해 보았다. 증류하는데 시간이 오래걸리고 얻어지는 양이 너무 적어 어려움이 있었지만, 깨끗한 물을 얻을 수 있는 것을 확인할 수 있었다.

### 라. 발표 및 피드백

학생들은 모둠별로 왜 니아의 어려움 중 이 문제를 정하게 되었는지, 그 문제의 해결방법을 선택한 이유와 과정을 발표했다. 정수 빨대를 만든 모둠은 정수 빨대를 사용하면 편하게 들고다니며 마실 수 있는 편의성과 물을 정수해서 마실 수 있는 장점을 이야기하였다. 알코올램프로 정수 장치를 만든 모둠은 증류 원리로 깨끗한 물을 얻어 마실 수 있는 점을 강조하여 이야기하였다. 모둠별로 문제를 정하게 된 이유도 해결 방법도 달랐지만 니아의 어려움을 통해 학생들이 알지 못했던 먼 지구의 문제점에 공감하는 모습을 볼 수 있었다.

모든 모둠의 발표가 끝난 뒤 질문만들기 놀이를 통하여 상대방의 발표를 듣고 생각나는 질문을 하도록 했다. 다른 노벨 엔지니어링 프로젝트에서 발표한 학생들이 자신들의 발표에 대한 피드백을 부정적으로 느끼거나 받아들이지 않는 모습을 봤다. 책 읽기에 사용한 하브루타와 연관지어 피드백 과정에서도 단점을 직접 말해주기보다는, 질문만들기 놀이에서는 부정적인 감정을 덜 느끼는 것 같았다. 또한 다른 친구들의 질문에 대한 대답을 모둠원끼리 생각하고 대답하며, 자신들 발표에 대한 자기 평가가 이루어짐을 볼 수 있었다.

정수 빨대에 대해서는 만들었던 빨대가 부피가 커서 가지고 다니기 힘들겠다는 질문이 있었다. 이에 대해 발표한 모둠은 목에 걸 수 있도록 끈을 이용하여 보완하도록 하겠다고 이야기했다. 흙탕물이 정수 빨대를 이용하면 조금 낫겠지만 질병을 일으키는 세균들을 막을 방법은 없을까라는 질문도 나왔다. 발표한 모둠은 니아가 직접 만들 수 있는 정수 빨대를 계획하다보니 세균 위생 등은 생각하지 못했다고 했다. 그 문제를 해결하기 위해서는 직접 세균을 걸러낼 수 있는 필터를 외부로부터 지원받는 방법, 물을 끓여 세균을 죽이고 먹는 방법 등 대안을 제시했다.

증류 정수 장치에 대해서는 증류를 통해 정수를 하다보니 물의 양이 적어 실제 물은 얻는데 어려움은 없을지에 대한 질문이 나왔다. 발표 모둠은 이 장치를 마을에 크게 짓는다면 얻는 양도 늘어날 거 같다는 대답을 했다. 물을 증류하려면 연료가 필요할 거 같은데 연료를 구하는 방법에 대한 질문에는 태양열을 이용한 친환경 에코에너지 사용과 아프리카에 많은 동물의 대변을 연료로 사용하는 친환경적인 연료가 가능할 것 같다고 했다. 질문을 주고 받는 모습이 재미있어 교사가 증류수는 물만 증발시켜 얻기 때문에 미네랄 등 물을 통한 영양소가 부족하지 않을까라는 질문에, 학생들은 한참을 고민했다. 발표한 학생들은 그 질문에 대한 해결책은 모르겠으나 니아의 입장에서는 물에 있는 영양보다 물을 마셔 병에 걸리지 않는 것이 중요한 것 같다는 훌륭한 대답을 내놓기도 했다.

피드백이 끝나고 교사가 개입하여 '적정 기술'을 사진과 영상으로 소개해주었다. 스스로 문제를 해결한 과정 뒤에 교사가 적정 기술 개념을 소개하였더니, 학생들이 보는 눈빛이 달랐다. 적정 기술로 존재하는 '라이프 스트로우'를 보고 정수 빨대를 만든 학생들은 보완할 점을 찾았다. 다른 학생들도 예시로 소개한 적정 기술을 활용해 아이디어를 얻어 보완하고 싶은 점을 찾아보았다.

발표 후 피드백을 나누고 적정 기술을 소개한 뒤 자신들의 해결책을 더 나은 방향으로 수정해보도록 했다. 정수 빨대는 편의성을 강조하기 위해 빨대의 모양을 두툼하게 바꾸고 정수 기능을 높이기 위해 세균과 박테리아를 박멸하는 필터를 넣었다. 증류 장치는 실제 연료 없이 아프리카의 더운 기후를 이용하여 물탱크와 연결하여 지열과 복사열로 증류할 수 있는 대형 증류장치를 고안해보았다. 자신의 해결방법을 바탕으로 더 나은 해결 방법을 만드는 과정에서 학생들의 사고가 확장되고 더 나은 제품 개발에 큰 동기를 가지고 참여하는 것을 볼 수 있었다.

## 마. 이야기 바꿔 쓰기

> **5. 니아가 마주한 문제 상황에서 모둠이 제시한 해결방법을 사용했다면 이야기가 어떻게 바뀌었을지 상상하여 이야기를 작성해봅시다.**
>
> 적정 기술 활용한다면 니아의 삶이 어떻게 바뀔지 이야기바꿔 쓰기

이야기 속 니아는 긴 시간 힘들게 물을 길어오고, 더러운 물을 마셔 가족이 질병에 걸리는 등 어려운 생활을 하고 있다. 하지만 학생들에게 너희들이 생각해본 해결방법을 이용한다면 니아의 삶도 바뀌지 않을까라는 가정을 하며 이야기를 바꾸어 써보도록 하였다. 이야기를 바꿔 쓰는 단계에서 학생들은 어디서부터 어떻게 이야기를 바꿔 써야할지 어려워했다. 교사는 먼저 모둠이 정한 문제 상황을 이야기에서 찾고 문제 상황 이후부터 이야기를 바꾸어 쓰도록 기준을 제시하였다. 자신이 정한 문제 상황 뒤의 니아의 모습을 생각하며, 학생들은 그 뒤의 이야기를 바꿔 써보기 시작했다.

학생들은 자신들이 해결한 방법을 마치 니아가 직접 문제를 해결하는 과정으로 이야기에 담았다. 해결 과정을 글로 적으며 학생들이 경험한 문제 해결 과정을 다시 한 번 글로 정리하였다. 질병에 걸렸던 가족들은 정수 빨대를 이용하여 깨끗한 물을 마실 수 있게 되어 아프지 않고 행복하게 살게 되었다. 니아가 길어온 더러운 물은 정수 장치를 이용하여 주변 마을에 팔아 돈을 벌어 아프리카 전역에 정수 기술을 전달해 더러운 물로 인한 질병이 줄어들었다는 이야기도 글로 썼다. 학생들의 상상력에서 나온 이야기는 다양했고 무엇보다 학생들의 경험이 글에 녹아 있어 글감이 풍부했다. 그로 인해 평소 글쓰기를 싫어하는 학생들도 거부감이 덜했다.

학생들은 자신들의 해결책을 통해 니아의 삶이 어떻게 바뀔지 예상하며 글을 썼다. 글을 쓰며 지구촌 문제에 도움을 주는 것에 대한 의미를 다시 한 번 마음속에 되새겼다. 노벨 엔지니어링 프로젝트는 문제를 해결하는 경험에 그치지 않고 글을 쓰며 배움과 삶의 일체화가 되는 것 같아 의미있는 수업으로 느껴졌다.

## 3 노벨 엔지니어링 돌아보기 (수업 후)

### 가. 수업에서 성장 찾기

수업을 통해 어떤 성장(발전)이 이루어졌는지 살펴보면 프로젝트 초반 학생들에게 안내했던 평가 기준에 비추어보게 되었다. 프로젝트를 통해 학생들은 과연 어떤 성장을 보여주었을까?

- 책을 통해 지구촌 문제를 파악하였는가?
- 니아의 어려움을 해결하기 위하여 우리가 아는 기술을 활용하여 도울 방법을 생각하였는가?
- 적정 기술을 활용한다면 니아의 삶이 어떻게 변할지 상상하며 글을 썼는가?
- 지구촌의 문제를 이해하고 지구촌 문제를 함께 해결하려는 태도가 함양되었는가?

수업자는 이 수업으로 학생들이 지구촌 문제를 이해하고 적정 기술의 개념을 통해 지구촌 문제를 해결하여 지구촌 문제를 해결을 위한 마음과 태도를 함양하는 데 목적을 두었다.

 ○○학생은 사회시간은 암기해야하고 사회현상을 외워야하는 과목이라서 싫다는 이야기를 평소에 했다. 하지만 이번 프로젝트를 통해 이야기 속 니아가 겪는 지구촌 문제를 읽고, 지구촌 문제에 대해 공감을 많이 했다. 지구촌 문제는 나와 비슷한 친구가 다른 곳에서 겪는 현실이라는 생각을 했다. 더불어 자신이 이야기 속 친구를 돕는 과정을 통해 즐거움을 느끼고 다른 지구촌 문제도 해결하는 데 도움을 주고 싶다는 이야기를 했다.

 ○○학생은 글쓰기에 어려움을 겪는 학생이었다. 국어시간에 이야기 바꿔 쓰기나 글짓기에서 항상 글을 적게 쓰고 쓸 내용이 없다는 말로 글쓰기를 회피했다. 이 프로젝트 후 글쓰기 과정에서 평소보다는 글의 내용과 양이 조금 늘어났다. ○○이에게 전보다 글쓰기에서 글의 내용이 많아진 것 같다는 질문에, 니아를 도운 경험을 적다보니 조금 길어졌다는 대답을 들을 수 있었다. 프로젝트동안 지구촌 문제는 잘 파악했으나 지구촌 문제를 해결하려는 마음을 함양하는 것은 부족했다. 하지만 다른 친구들의 글쓰기에 담긴 문제 해결 방법을 읽으며 자신의 생각을 친구와 나누도록 하며 추후 지도를 하였다.

## 나. 수업을 돌아보며

 이 프로젝트 수업으로 책 주인공인 니아를 통해 아프리카의 문제를 이해하고, 지구촌 문제에 대해 이해하고 문제를 해결하는 경험을 줄 수 있어 좋았다. 학생들은 사진이나 영상으로 본 지구촌 문제보다, 책 속 주인공인 니아를 만나고 니아의 어려움을 공감해서 그런지 아프리카의 문제에 대해 더 관심을 가지고 해결해주고자 하였다. 더불어 사회교과와 실과, 메이커 교육 등을 융합하여 지도할 수 있어 의미있는 프로젝트 학습수업이었다. 교실에서의 배움이 삶과 연계되는 수업에 대해 고민이 있었는데, 책 읽기부터 문제를 파악하고 해결한 뒤 마지막 글쓰기까지 이어지는 일련의 프로젝트 과정이 실제 배움을 삶에 녹이는 수업이 된 거 같아 보람찼다.

 하지만 학생들이 과학적 소양이나 만들기 경험이 더 풍부했다면 니아의 문제를 해결하는 데 도움이 되는 도구를 완성도 높게 만들지 않았을까하는 아쉬움이 든다. 특히 정수 빨대의 경우 다른 재료를 이용하여 정수 과정을 직접 실현할 수 있는 정수 빨대를 만들지 못한 점이 가장 아쉬웠다. 수업 목표를 정수 빨대를 만드는 것에 집중하였다면 정수 빨대를 만드는 데 필요한 재료와 과정을 깊이 탐구하고 노벨 엔지니어링을 통해 메이커 교육과 연관시켰을 것이다. 더불어 3D 프린터를 활용해 정수 빨대를 학생들이 직접 디자인하고 출력하는 의미있는 제품을 만들 수 있었을 것 같다. 결국 교사가 학생들이 달성하고자 하는 목표를 어떻게 설정하고 운영하느냐에 따라 프로젝트의 결과와 학생들의 배움이 결정된다는 것을 다시 한 번 느낄 수 있었다.

나름 수업자의 의도대로 진행된 수업이었지만 깊이 있는 준비와 융합적인 요소가 부족했다는 생각이 든다. 프로젝트에 참여하는 학생들의 수준과 소양에 따라 결과물의 수준이 많이 차이가 나는 것 같다. 학생들이 프로젝트에 충분한 소양과 지식을 활용할 수 있다면 짧은 차시에 정리 단계로 노벨 엔지니어링 수업이 적합하다. 반면 학생들이 프로젝트를 위한 소양과 지식이 부족하다면 이를 길러주는 긴 프로젝트로 많은 차시를 이용한 노벨 엔지니어링 수업이 적합하다. 결국 학생의 수준이나 프로젝트를 위한 주변 등 많은 고민을 교사가 계속하여 해야한다는 과제를 얻으며 프로젝트를 되돌아 본다.

## 다. 궁금? 궁금!!!(Q&A)

 **재활용품은 어떻게 모았나요?**

A: 재활용품은 학생들이 직접 주변에서 찾아왔다. 이야기를 통해 니아의 상황을 공감해서 그런지 자신과 니아의 상황을 동일시하며 집이나 학교 주변에서 재활용품을 직접 찾아 주워왔다. 다른 수업에서 재활용품을 가져오라고 하면 음료수를 사 먹고 가져오는 것이 일반적인 모습이었는데, 학생들의 달라진 모습이 재미있었다. 모둠별로 문제 상황을 해결하는 데 도움이 되는 재활용품을 협의를 통해 선정하고 꼭 필요하다고 생각하는 재활용품을 학생들 스스로 모아 가져왔다.

 **책을 선택할 때 가장 신경써야 할 부분은 무엇인가요?**

A: 책을 선택할 때는 문제 상황이 명확히 드러나는지가 중요하다. 처음 노벨 엔지니어링 프로젝트 학습을 적용해보면, 학생들은 책의 주인공이 겪는 문제 상황을 찾는 것을 가장 어려워한다. 노벨 엔지니어링 프로젝트에서 '문제 상황'이란 어떠한 공학적인 해결을 통해 해결해 줄 수 있는 상황을 이야기한다. 학생들이 이야기 속 문제라고 느껴지는 많은 상황 중 해결과정을 통해 해결 가능한 문제를 '문제 상황'으로 선정하도록 교사가 지도하는 것이 어렵다.

 그렇기 때문에 이야기 속 문제 상황이 명확하면 학생들이 문제를 해결하는 과정에 쉽게 다가갈 수 있다. 책을 선정할 때 문제 상황의 명확성과 함께 다양성도 생각해야 한다. 교사가 프로젝트 학습으로 하나의 목표를 학생들이 도달하기를 바란다면, 문제 상황이 명확히 한 가지만 나오는 책을 선택하는 것이 좋다. 또는 단순한 문제 상황이 제시되는 이야기만 축약하여 학생들에게 제시하는 방법도 있다. 교사가 다양한 문제를 해결하는 경험을 기르는데 목표를 둔다면, 문제 상황이 다양한 책을 선택하는 것이 좋다. 교사의 의도에 따라 노벨 엔지니어링 프로젝트에 활용할 책을 선택할 필요가 있다.

**적정 기술 자료는 어떻게 제시하였나요?**

A: 적정 기술 자료는 사진과 영상으로 학생들에게 제시하였다. '우물파는 아이들'이 아프리카 수단의 니아가 겪는 문제를 다루고 있어, 아프리카에 도움이 된 적정 기술에 대하여 안내하였다. 다양한 사진과 영상으로 물을 멀리서 길어올 수 있는 Q드럼(Q Drum), 휴대할 수 있는 개인 정수 장치인 라이프스트로우(LifeStraw), 도기를 이용한 냉장고인 팟인팟쿨러(Pot-in-Pot Cooler) 등을 학생들에게 소개했다. 학생들은 니아를 돕고자 고민했던 경험을 때문인지 수업자가 제시한 적정 기술을 관심있게 보았다. 발표 및 피드백 단계에서 알게 된 적정 기술과 자신들이 만든 해결방법을 비교하며, 더 나은 제품으로 아프리카 친구들을 돕고 싶어 하는 마음을 함양했다.

 **하브루타 수업 방법을 학생들이 익숙해하였나요?**

A: 하브루타 수업 방법을 적용하는 데 학생들이 처음에는 어려워했다. 이야기 속에 정답이 나오는 '사실적 질문'을 묻고 답하는 것은 학생들이 곧 잘 따라한다. 정답이 명확하기 때문에 질문을 만들고 답하기가 쉽기 때문이다. 하지만 이야기 속의 대화나 행동들로 유추하여 정답을 찾는 '추상적 질문'을 만들어 묻고 답하는 것은 어려워한다. 답이 이야기 속에 정확하게 나와 있지 않기 때문에 생각의 과정을 한 번 더 거쳐야하기 때문이다. 그러나 추상적 질문은 이야기에 나오지 않는 등장인물들의 마음을 들여다 볼 수 있는 장점이 있다. 하브루타 질문을 이용한 책 읽기는 학생들이 초반에 어려워 할 수 있지만 충분히 익숙해지면 책을 읽고 내용을 파악하는 데 도움이 되는 수업 방법이라고 생각한다

 **조금은 엉뚱하지만 기발한 아이디어는 없었나요?**

A: 노벨 엔지니어링 수업을 적용하다보면 학생들의 엉뚱하고 기발한 아이디어가 많이 나온다. 이 프로젝트에서는 니아가 물을 길어오는데 가시밭을 걸어오는 것을 보고 발을 보호할 수 있는 신발을 생각한 친구도 있었다. 니아 주위에서 구할 수 있는 나무와 짚으로 만든 끈으로 만든 신발이었다. 자신이 만든다면 주위의 판자와 노끈을 이용하여 나막신 형태로 만들고 싶다고 하였다. 또 다른 친구는 책의 제목이 '우물파는 아이들'이다 보니 직접 니아에게 우물을 파주는 기계로 니아의 문제를 해결해주고 싶어 했다. 직접 만들어보는 데 어려움이 있을 것 같다는 반대에 부딪혔지만, 학생들이 습도 센서와 모터 등을 사용할 수 있다면 다음에 프로젝트로 구현해보기에 좋은 아이디어였다.

**이 프로젝트를 조금 더 성공적으로 마무리할 수 있도록 학생들에게 더 필요했던 것이 있다면 어떤 것이라고 생각하나요?**

A: 수업자는 이 프로젝트를 하면서 학생들에게 만드는 경험의 필요성을 느꼈다. 학교 현장에서는 학생들의 안전을 위해 필요한 경험을 제한하는 경우가 있다고 생각한다. 학생들은 다양한 재료를 다양한 도구를 이용하여 자르고 붙이며 '손 기술'을 기를 수 있다. 학생들의 안전을 최대한 보장하는 선에서 이러한 경험은 길러줄 필요가 있다고 생각한다. 자신이 만들고 싶은 것을 다루어 조립하고 만드는 간단한 과정을 통해, 집중력은 물론 학생들은 무엇인가를 만드는 성취감을 기를 수 있다.

프로젝트에 참여한 학생들도 만드는 경험이 부족해 수업자의 의도에 비해 결과물이 조잡하여 아쉬움이 많이 남았다. 평소 학생들이 만드는 경험이 많았다면 계획 단계부터 제작 발표 단계까지 더 나은 결과물을 만들었을 것 같다. 교육에서는 안전하게 사용하는 방법을 가르치고 많이 다뤄보도록 할 필요가 있다고 생각한다.

 **이 이야기 속에서 학생들은 선택하지 않았지만 니아를 도와줄 수 있는 다른 문제는 어떤 것이 있을까요??**

A: 이 프로젝트로 학생들이 니아를 돕기 좋은 문제는 물을 멀리서 힘들게 길어오는 것이다. 이 문제를 해결하기 위해서는 양동이보다 물을 쉽게 길어올 수 있는 도구를 만들어 니아의 문제를 해결해 줄 수 있다. 이를 위해 주위의 재활용품을 이용해 물을 쉽게 길어올 수 있는 도구를 만드는 메이커 수업을 할 수 있다. 3D 프린터를 이용한 수업이 가능하다면 적정 기술과 결합하여 물을 담아 굴려서 가져올 수 있는 원통 제품을 설계하고 프린팅하는 수업을 할 수 있다. 해결 방법과 도구는 다양하지만 물을 담는 통과 바퀴를 결합하는 발명 교육이나 메이커 교육과 연관하여 수업하기 좋은 문제라고 생각한다.

노벨 엔지니어링
내 손으로 만드는 멋진 세상

[스마트 팜]으로 편리해진 농장 이야기!
# 『THE LITTLE RED HEN』

### ✔ [스마트 팜] 프로젝트 이야기

<2018년 미국 TURFS 대학교 컨퍼런스에 참여했을 때 만든 작품 - EV3(마인드스톰)을 이용하여 『THE LITTLE RED HEN』 이야기를 노벨 엔지니어링으로 표현>

2014년, 영재교육원에서 5학년 학생들을 대상으로 소프트웨어교육을 처음 지도하기 시작하였다. 영재 교육원에서 소프트웨어 교육 교구로 처음 활용했던 것이 레고® 마인드스톰® 에듀케이션 EV3였다. EV3는 우리 주변에서 활용하고 있는 초음파센서, 자이로센서, 컬러센서, 터치센서, 온도센서 등 다양한 센서들이 적용된 피지컬 코딩 도구로서 교육용으로 활용하기 좋은 몇 안 되는 도구이다.

간단하게 EV3를 소개하자면 레고® 에듀케이션 회사와 미국 MIT 미디어랩이 공동 개발한 1세대 RCX로 부터 2세대 NXT를 거쳐 최신 버전으로 현재 3세대 EV3가 이어지고 있다. EV3는 모터, 센서, 블루투스까지 지원하는 로봇으로 마우스를 이용하여 프로그램을 입력하는 드래그 앤 드롭 방식으로 블록명령어를 사용하여 코딩을 할 수 있게 되어있다. 과학, 기술, 공학, 미술, 수학 등 다양한 수업이 가능한 도구이다.

영재 수업을 시작한 초기에는 EV3를 접한 지 얼마 되지 않아서 조금씩 공부를 하며 학생들을 가르쳤다. 경험이 부족했던 때여서 수업에 대한 반성이나 계획 없이 수업을 하였다. 그래서 단순하게 아이들에게 흥미 위주의 미션 수업을 운영하였다. 컬러센서를 활용한 라인트레이싱 미션, 초음파센서를 활용한 벽에 부딪치지 않고 자동으로 멈추는 미션 등 일반적으로 아이들이 따라 하기 쉬운 미션들을 위주로 수업을 하였다.

하지만 수업을 할수록 뭔가 특별함이 없고 일제식 수업만 반복한다는 회의감이 들었다. 그래서 조금 더 쉽게 그리고 의미 있게 아이들과 활동할 수 있는 방법을 찾아보았다. 다른 교과와 연결하여 아이들이 이해하기 쉽게 할 수 있는 수업은 무엇이 있을까? 영재수업이 조금 심화될 수 있도록 어떻게 수업을 구성할까? EV3를 교육과정과 연계하여 다양한 시도가 이루어진다면 학생들과 재미있고 의미 있는 수업을 할 수 있을 것 같았다.

그래서 생각한 것이 노벨 엔지니어링이었다. 영재 아이들이 1년 동안 배운 내용을 담아서 노벨 엔지니어링을 시도해보고 싶었다. 교사로서의 욕심은 아이들이 레고의 특징을 살펴보고 자기만의 창의적인 작품을 만들어보는 경험을 통해 STEAM에서 흔히 이야기하는 엔지니어와 메이커 교육을 체험하게 하고 싶었다. 2018년 미국 TURFS 대학교 레고 에듀케이션 컨퍼런스에서 노벨 엔지니어링 연수과정에서 배웠던 내용을 그대로 학생들이 경험할 기회를 주고 싶었다. 그래서 TURFS 대학교 컨퍼런스 과정 중에 배웠던 내용을 그대로 살려 학생들과 함께 『THE LITTLE RED HEN』을 읽어보고 노벨 엔지니어링 수업을 진행하였다.

아래 수업과정은 영재수업 중 노벨 엔지니어링을 활용한 수업으로 심화된 내용들이 많다. 사실 영재 수업 시간이 그렇게 많지 않고 영재 수업 마지막 단계인 산출물 발표회와 연결하여 진행하다보니 노벨 엔지니어링 수업단계를 지켜 운영하기 힘들어 아쉬운 점이 많았다. 아래 수업 내용은 그러한 점을 반영하여 조금 수정하여 수업 과정을 정리하여 보았다.

2018년도에 노벨 엔지니어링을 처음 배웠고 일반 학교 수업이 아니라 영재수업 중에 실시한 점, 영재 산출물 발표와 연결하여 수업을 운영하다보니 노벨 엔지니어링 과정을 100% 지키며 수업하기에는 시간이 부족했다는 점, 레고® 마인드스톰® 에듀케이션 EV3는 일반 다인수 학급에서 수업하기에는 조금 힘들다는 점을 고려하여 읽었으면 좋겠다.

아래 수업 내용이 미국 TURFS 대학교와 레고 에듀케이션 연합 컨퍼런스에서 실시한 노벨 엔지니어링 연수 내용과 일치한다는 점에서 이 책을 참고하시는 선생님들에게 도움이 될 것 같다. 학교에서 [스마트팜]을 주제로 수업을 계획하시는 선생님은 『THE LITTLE RED HEN』이나 다른 농업 관련 동화책을 선정하여 수업을 진행하면 좋을 것 같다. 그리고 아이들 수준에 맞추어 엔트리나 위두 2.0 등 다른 피지컬 도구를 사용해도 좋을 것 같다.

 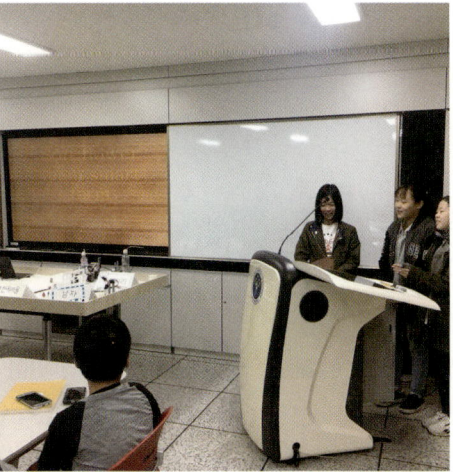

< 『THE LITTLE RED HEN』 노벨 엔지니어링 발표 중 >

## 1 노벨 엔지니어링 준비하기 (수업 전)

### 가. 이런 프로젝트를 할 수 있어요

**책 읽기를 통해**
- 영어 기초 교육
- 진로 교육
- 생활 인성 교육

**엔지니어링 활동을 통해**
- 농작물 재배법 자료 조사하기
- 농작물을 기르는 데 필요한 도구
- 스마트 팜 알아보기
- 레고® 마인드스톰® EV3 활용 코딩하기

### 나. 프로젝트 관련 성취기준

- [6영03-03] 일상생활 속의 친숙한 주제에 관한 쉽고 짧은 글을 읽고 세부 정보를 파악할 수 있다.
- [6영03-04] 쉽고 짧은 글을 읽고 줄거리나 목적 등 중심 내용을 파악할 수 있다.
- [6실05-07] 여러 가지 센서를 장착한 로봇을 제작한다.
- [6실04-01] 가꾸기와 기르기의 의미를 이해하고 동식물 자원의 중요성을 설명한다.
- [6도04-01] 긍정적 태도의 의미와 중요성을 알고, 어려움을 극복하기 위한 긍정적 삶의 태도를 습관화한다.

이 프로젝트에서 가장 중요하게 생각했던 부분은 '스마트 팜', '센서'와 '긍정적인 태도'이다. 실과 성취기준과 관련하여 식물을 가꾸고 기르는 것의 의미를 알아보고 식물을 재배하는 과정을 살펴보도록 하였다. 그리고 스마트 팜에 대해서 조사해보고 주인공을 도와주기 위한 스마트 팜 도구를 직접 제작해보도록 하였다. 도덕 성취기준 관련해서는 협동의 의미와 중요성을 알고 실천하며, 힘든 일이 있을 때 어려움을 극복하여 긍정적으로 생각하는 마음을 지닐 수 있게 하고 싶었다.

## 다. 이런 변화를 원해요

- 『THE LITTLE RED HEN』을 읽고 붉은 암탉의 문제 파악하기
- 붉은 암탉의 어려움을 해결해주기 위한 방법 생각하기
- 스마트 팜을 알아보고 새로운 농업 로봇 생각하기
- 이야기를 깊이 읽고 붉은 암탉이 게으른 동물 친구들 사이에서 겪게 되는 어려움에 공감하기

## 라. 이렇게 준비해 보세요.

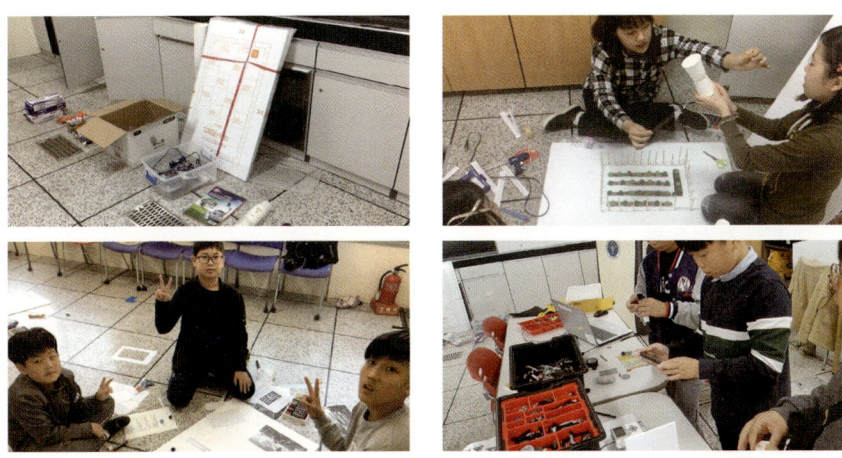

< 우드락, 종이컵, 색종이, 글루건, 매직, 색연필 등 다양한 메이커 재료들 >

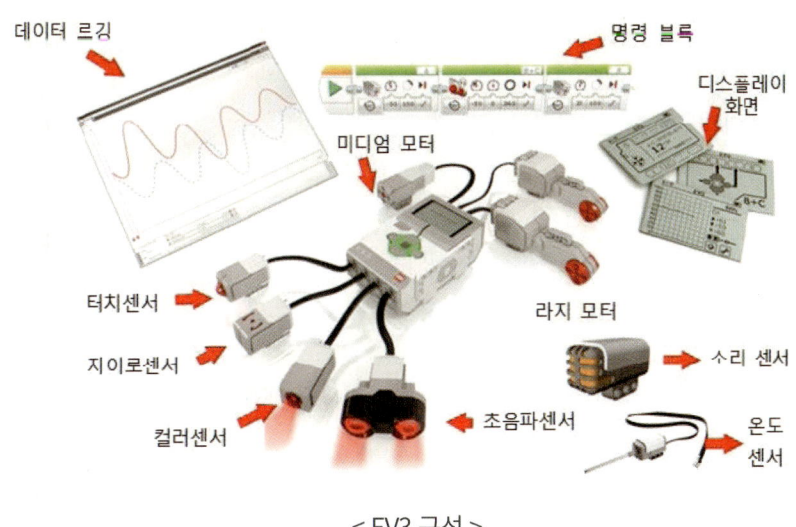

< EV3 구성 >

### 마. 준비하는 팁

- 농업 전문가의 조언구하기
- 아이들이 작품을 만들 때 필요한 재료들을 다양하게 준비하기
- 농업 로봇의 제작과정과 기능을 설명할 수 있게 발표 도구 준비하기

## 2 노벨 엔지니어링 활동하기(수업 중)

### ✔ 수업 흐름 한 눈에 보기

**한 걸음: 정성들여 책을 읽기**
- 『THE LITTLE RED HEN』 책을 읽고 처음 중간 끝으로 나눠 질문하며 읽어봅시다.

**두 걸음: 문제를 찾고 어려움에 대해 함께 느끼기**
- 내가 만약에 붉은 암탉이라면 어떤 느낌이었을지 생각해봅시다.

**세 걸음: 주인공이 처한 문제 찾기**
- 붉은 암탉이 처한 문제는 무엇이 있을지 찾아봅시다.

**네 걸음: 문제해결방법 찾기**
- 공학적 방법으로 해결해봅시다.

**다섯 걸음: 발표하고, 조언 듣고, 개선하기**
- 발표를 하고 친구들의 생각을 들어봅시다.

**여섯 걸음: 이야기 바꾸어쓰기**
- 우리가 도와줬을 때 이야기 속의 붉은 암탉의 생활이 어떻게 바뀌는지 써 봅시다.

## 가. 책 읽기

출처 : 1.https://book.naver.com/bookdb/book_detail.nhn?bid=874296
2.https://book.naver.com/bookdb/book_detail.nhn?bid=218989

[초등학교 5,6학년] 러시아 전래동화

[글, 그림] : Galdone, Paul

[줄거리] 빨간 암탉이 밀알을 주우면서 벌어지는 재미있는 이야기이다. 원작에서는 고양이, 멍멍이, 쥐돌이, 닭이 등장한다. 고양이, 멍멍이, 쥐돌이는 게으름뱅이다. 그래서 빨간 암탉이 설거지, 바닥 청소, 옷 수선까지 집안일을 혼자 도맡아 한다. 어느 날 빨간 암탉이 밀알을 줍게 되고 밀을 텃밭에 가꾸면서 게으른 친구들에게 도움을 청하게 되지만 친구들은 암탉의 마음을 몰라준다. 결국 친구들의 도움 없이 암탉은 밀을 정성들여 키우고 밀가루를 만들어 빵을 굽게 된다. 결국 다른 동물 친구들은 맛있는 빵을 먹고 싶어 하지만 먹지 못하게 되고 게을렀던 행동 들을 반성하게 된다.

### 책읽기 방법

1. 교사가 『THE LITTLE RED HEN』 읽어주기
[동화 무료 다운 로드] : http://bitly.kr/Kz1YiZ

2. 유튜브에서 애니메이션 보여주기
[애니메이션 주소] : http://bitly.kr/MAuJk9

3. 등장하는 동물 친구 역할을 나누어 역할극하기 (등장하는 동물 친구들은 다양하게 바꿀 수 있어요.)
[무료 영어 스크립트] : http://bitly.kr/gx5HaT

『THE LITTLE RED HEN』은 초등학교 저학년을 대상으로 영어 기초 교재로 많이 활용하는 동화책이다. 영재 반의 학생 숫자가 12명이어서 학생들과 함께 동화책을 읽으며 생각을 나누기에 용이했다. 책을 읽으면서 주인공의 심정이 어떠한지 물어보고 밀을 키우는 과정에서 어떤 도움이 필요할지 함께 고민해 보았다. 아이들의 생각이 조금 엉뚱할 때도 있었지만 기발한 아이디어가 나오기도 하였다. 아이들과 스마트 팜이라는 개념을 설명할 때는 신문 기사를 찾아보기도 하고 경제적인 관점에서 함께 생각해보기도 하였다.

## 나. 공감하고 문제 찾기

역할극 가면

[다운로드 주소] : http://bitly.kr/YnZekT

　등장인물이 몇 명 되지 않고 이야기의 줄거리가 간단하여 역할극으로 수업을 짜보면 좋을 것 같다. 영재 수업 시간이 많지 않아 계획대로 역할극을 하지 못했지만 아이들이 대본을 직접 각색하면서 재미있는 역할극을 해보면 등장하는 게으른 동물 친구들의 생각도 직접 들어볼 수 있고 붉은 암탉의 마음을 헤아리기 쉬울 것 같다. 그리고 등장인물은 동물들의 성격과 특징을 고려하여 추가하면 좋을 것 같다. 역할극 후에는 게으른 동물 친구들 때문에 혼자 일을 해야 하는 붉은 암탉의 답답함을 적어보고 어떤 문제가 있는지 찾아보는 활동을 하는 것을 추천한다.
　영재 수업 중에 진행하는 관계로 학생들과 실제로 수업을 할 때 간단하게 각 동물들의 생각과 감정에 대해서 이야기를 나누고 붉은 암탉의 답답한 심정을 이야기하고 어떤 문제점이 있는지 생각을 공유하였다.

## 수업자료

● 대사에 맞추어 역할극을 해보고 각 동물 친구들의 생각을 적어봅시다.

|  | |
|---|---|
| | |
| | |
| | |
| | |

🔺 붉은 암탉의 고민은 무엇인가요?

● 붉은 암탉이 도움을 부탁을 한다면 여러분들은 부탁을 들어줄 것인가요? 어떻게 도와줄 수 있을지 적어봅시다.

## 다. 공학적 문제 해결 방법 찾기

공학적으로 아이들이 완벽한 산출물을 만든다는 것은 거의 불가능하다. 대신 아이들의 창의적인 상상력으로 작품을 새롭게 포장하도록 하고 싶었다.

처음에 이야기 속으로 들어가 게으른 동물 친구들이 붉은 암탉을 도와주지 않는 점을 살펴보고 농장 친구들이 붉은 암탉을 도와주도록 하는 방법을 고민하였다. 그 후 스마트 팜에 대한 기사를 찾아보고 스마트 팜의 개념과 어떤 시스템이 있는지 조사하고 붉은 암탉이 밀을 편하게 재배할 수 있도록 도와줄 수 있는 로봇을 고민하였다.

영재 학생들은 이미 EV3를 1년 동안 배운 상태여서 코딩을 하는 데는 별로 어려움이 없었다. 그래도 학생들이 코딩을 하다가 막히는 부분이 있을 때는 같이 고민하며 문제를 해결해 나갔다.

학생들과 붉은 암탉이 밀을 재배하는데 로봇이 필요한 상황을 고민해보고 그에 맞춰 여러 가지 산출물을 만들어보았다. 아이들과 함께 작품을 만들고 기술적으로 구현하기 힘든 부분은 학생들의 이야기로 풀어나갔다. 놀랍게도 아이들은 생각지도 못한 기능을 가진 시스템들을 다양하게 쏟아내었다.

어려웠던 점은 식물을 기를 때 물을 주는 로봇을 만들기 위해서는 어려운 공압 장치(공기의 압력을 이용한 펌프 장치)의 원리를 알려줄 필요가 있었다. 초등학생이 이해하기에는 조금 어려운 내용이어서 직접 만들어보고 체험을 통해 배울 수 있도록 하였다.

### 스마트 팜이란?

농·림·축·수산물의 생산, 가공, 유통 단계에서 정보 통신 기술(ICT)을 접목하여 지능화된 농업 시스템

로봇팔

자동 추수 시스템

자동 급수 시스템

<뉴스 기사 스크랩>
(출처 : 더 사이언스 타임즈)

급수 시스템을 만들기 위한 추가 교구(공압 장치)
레고® 에듀케이션 공압 애드온 세트 (9641)

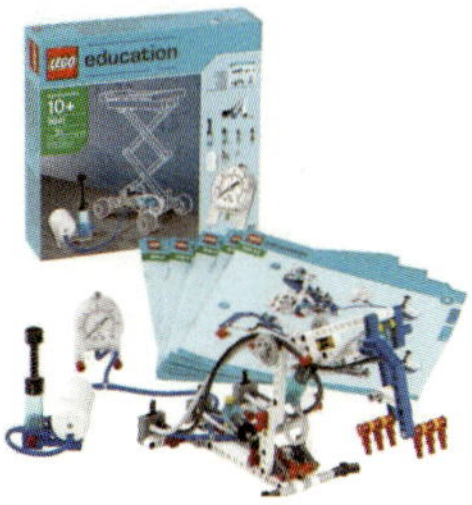

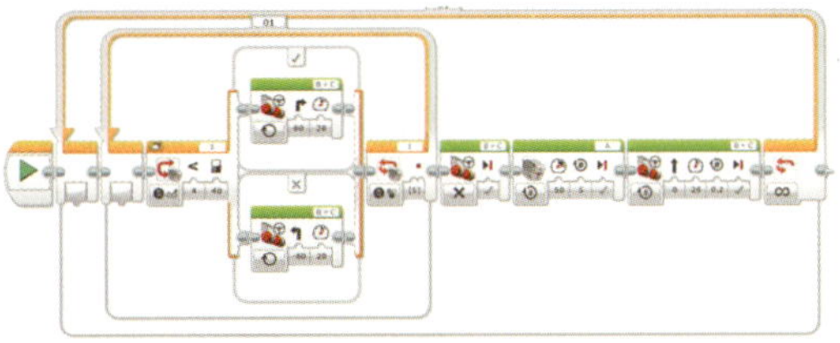

컬러센서를 이용한 자동 급수 시스템

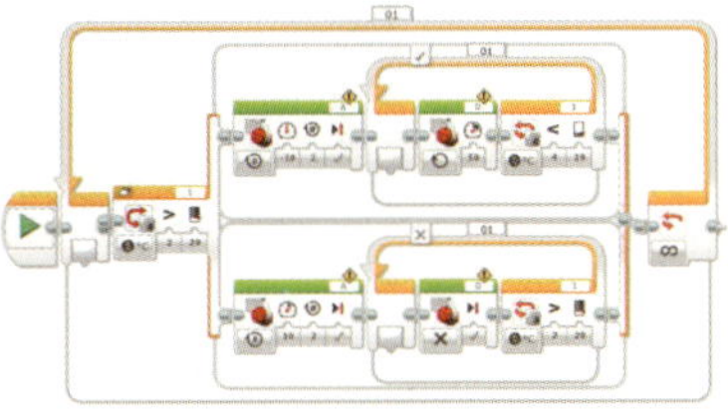

온도조절시스템

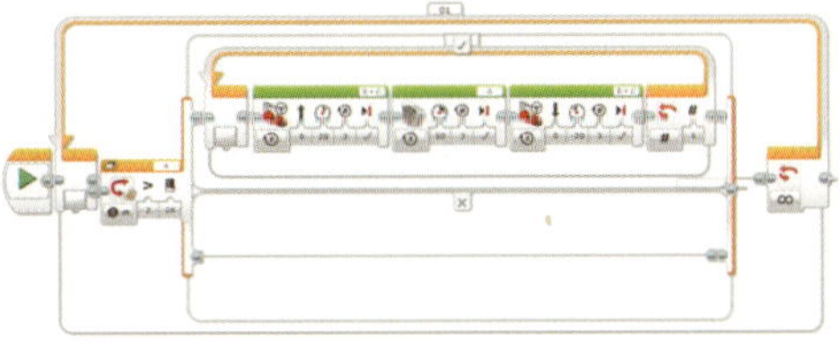

소리센서를 이용한 급수 시스템

수업 자료 및 발표 영상자료 다운로드 주소
https://bre.is/GHa8Z_P5l

144

## 라. 발표 및 피드백

< 온도 조절 시스템 발표 장면 >

< 로봇 팔 발표 장면 >

<스마트 팜 작품 전시>

기본적인 코딩이 끝난 후 학생들이 붉은 암탉을 도와줄 수 있는 산출물을 발표했다. 발표 후 질문과 답변을 반복하면서 대부분의 학생들이 자기가 만든 산출물에 대해 더 많은 기능을 표현하지 못한 것을 아쉬워하고 새로운 산출물로 개선하기를 원했다. 발표가 끝난 후 발표와 피드백 과정에서 노벨 엔지니어링을 통해 배웠던 점, 자기 작품에서 어떤 점을 개선하고 싶은지, 주인공에게는 어떤 도움을 줄 수 있었는지 발표해보도록 하였다.

## 마. 이야기 바꿔 쓰기

사실 영재 수업 시간이 부족해서 아이들에게 이야기 바꿔 쓰기 활동은 하지 못했다. 하지만 여러 선생님들의 조언을 들어보고 여러 가지 방법을 생각하고 방향을 잡을 수 있었다. 피드백 활동이 끝난 후 바로 긴 글로 이야기 바꿔 쓰기를 시작하면 학생들이 막막해 하는 경우가 많을 수 있다. 그래서 처음 이야기를 바꿔 쓸 때에는 등장인물에게 간단한 엽서를 남기는 것으로 시작해보는 것이 좋다.

그리고 우리가 애써 만든 산출물을 실제 붉은 암탉이 사용하지 않을 경우 즉, 산출물이 아무리 좋아도 사용자가 외면할 경우 그 가치를 잃게 된다. 그렇기에 내가 만든 구조물이 어떤 기능을 가지고 있고 왜 붉은 암탉이 사용하면 좋은지를 간단하게 엽서로 표현하도록 지도하면 좋다. 진솔한 내용을 담을 수 있을 것이다.

붉은 암탉에게~ 라고 시작하는 [사용 권유 엽서]를 쓴 후 이를 바탕으로 이 제안을 붉은 암탉이 받아들였다는 상황으로 이야기 바꿔 쓰도록 하면 하면 학생들의 글이 진솔한 내용을 담을 수 있을 것 같다.

## ③ 노벨 엔지니어링 돌아보기 (수업 후)

### 가. 수업에서 성장 찾기

수업을 통해 어떤 성장(발전)이 이루어졌는지 살펴보면 프로젝트 초반 학생들에게 안내했던 평가 기준에 비추어보게 되었다. 프로젝트를 통해 학생들은 과연 어떤 성장을 보여주었을까?

- 이야기를 깊이 읽고 붉은 암탉이 처한 어려움을 공감했는가?
- 학생 스스로 붉은 암탉이 겪는 문제를 찾아내었는가?
- 붉은 암탉을 도와줄 수 있는 해결책을 구조물로 만들고 구체적으로 설명하는가?
- 지금까지의 활동을 포함하여 이야기를 새롭게 바꿔 썼는가?

많은 학생들이 노벨 엔지니어링 주제인 스마트 팜에 대해서 잘 몰랐지만 이번 프로젝트를 통해 관심을 갖기 시작하였다. 붉은 암탉이 겪고 있는 어려움에 공감하면서 밀을 재배하는 데 필요한 지식과 필요한 도구들을 인터넷을 통해 검색해 보았다. 그러면서 스마트 팩토리 등 요즘 자동화와 인공지능이 적용되고 있는 시설들이 많다는 점을 알게 되었다. [스마트 팜] 프로젝트는 학생들이 미래에 있을 기술에 대해서 상상하고 관심을 키우는 데 의미가 있는 시간이었다.

학생들이 서로 협동하여 하나의 창의적 산출물을 만들면서 서로의 아이디어를 나누고 문제해결을 위해 토의하는 과정에서 민주적 의사소통 능력도 키울 수 있었다. 학생들이 창의적인 아이디어를 로봇과 코딩을 통해 해결하기 위해서 고민하는 시간은 아이들의 비판적 사고력, 창의적 사고력, 문제해결 능력을 키워주었다. 실제로 학생들이 자기들의 작품을 차별화하기 위해서 오랜 시간 고민하는 모습이 보기 좋았다.

### 나. 수업을 돌아보며

 2018년에 미국 MIT 미디어랩에 직접 가서 미첼 레스닉 교수를 만나보고 스크래치, EV3, WeDo 등 교육용 프로그램 및 피지컬, SW프로그램 개발의 방향에 대해서 설명을 들었다. 그리고 최근에 여러 가지로 스크래치 프로그램을 업그레이드하면서 음성인식 기능까지 추가했다는 이야기를 들을 수 있었다. 스크래치 3.0부터 그 기능을 활용할 수 있다고 한다. 그리고 갈수록 스크래치와 연결이 가능한 교육용 피지컬들이 늘어나고 있다면서 직접 자이로 센서를 활용한 피지컬을 보여주었다.
 요즘 MIT 미디어랩에 다녀온 후 21C의 교사는 무엇을 가르쳐야하는지 고민을 많이 하고 있다. 4차 산업혁명의 바람이 '나비효과'가 되어 교실 문 앞까지 불고 있다. 세계 여러 나라들이 초등학생에게 SW 수업을 가르치기 시작하였다. 그리고 요즘 사람들은 코딩수업이 초등학교 교실에서 당연히 운영되어야한다고 상식처럼 말하고 있다.
 좋은 SW 수업은 무엇일까? 그 방향을 잡아가는 시기가 지금인 것 같다. 그 방향 중에 하나가 노벨 엔지니어링이 될 수 있을 것 같다. 아이들이 이야기 속에 직접 만든 엔지니어링 작품을 넣었을 때 이야기의 내용이 바뀌기도 하고 코딩을 접하는 친구들의 태도에 수업을 받기 전과 후에 분명한 차이가 있다.
 이번 『THE LITTLE RED HEN』을 통해 스마트 팜 작품을 만들면서 힘들었던 점은 각 모둠 별로 하나의 작품을 만드는데 역할 분담을 나누기가 힘들었다는 점, 그리고 레고® 에듀케이션 공압 애드온세트 9641 가격이 싸지 않다 보니 일반 학교 수업에 사용하기 힘들다는 점, 공압 장치 원리를 직접 만들어보는 과정을 통해 설명하였지만 정확하게 알고 있는지 확인하지 못했고 피드백을 하기 힘들었다는 점이다.
 마지막으로 수업을 마치면서 크게 반성한 점은 노벨 엔지니어링은 책 선정이 정말 중요하다는 점이다. 책을 단순히 읽는 것이 아니라 책 속의 주인공의 문제점을 학생들이 찾고 해결책을 세울 수 있어야 하고 엔지니어링으로 작품을 구현할 수 있어야 한다. 사실 스마트 팜 관련해서 노벨 엔지니어링을 다시 한다면 학생들이 읽기 편한 동화책을 다시 선정해도 좋을 것 같다고 생각한다. 관련된 추천 책을 찾아본 결과 <할머니 농사일기>, <벼가 자란다> 등 농사 관련 그림책들이 많이 있었다. 노벨 엔지니어링을 시도하시는 선생님들이라면 꼭 책을 선정하기 전에 고민의 시간이 필요하다는 점을 이야기해주고 싶다.

### 다. 궁금? 궁금!!!(Q&A)

 **영재 학생만이 가능한 수업이 아닐까? 라는 걱정을 할 수 있는데 일반 학생이 『THE LITTLE RED HEN』으로 노벨 엔지니어링 수업을 한다면 어떻게 해야할까?**

A: 레고® 마인드스톰® 에듀케이션 EV3 로봇을 피지컬 교구로 선택한 이유는 영재 교육과정에서 주로 EV3 로봇을 통해 코딩을 배웠기 때문이었다. 영재학생들에게는 EV3가 다른 어떤 피지컬 교구보다 익숙한 엔지니어링 도구였다. 영재 수업을 통해 배웠던 초음파센서, 컬러센서, 터치센서 등 다양한 센서들을 노벨엔지니어링을 통해 활용할 수 있게 기회를 만들어 주었을 뿐이다.

만약 일반 학생들을 대상으로 [스마트 팜]을 주제로 노벨 엔지니어링 수업을 한다면 아이들이 익숙한 코딩 프로그램과 피지컬을 사용해야 한다고 생각한다. 아이들이 만약 엔트리가 익숙하다면 엔트리를 통해 충분히 [스마트 팜]을 주제로 창의적인 작품을 만들 수 있다. 비싸고 좋은 피지컬 교구라고 해서 아이들에게 무조건 좋은 도구라고 생각하면 안 된다. 아이들에게 가장 좋은 교구는 아이들이 익숙한 도구이다.

노벨 엔지니어링은 아이들에게 완벽한 작품을 만들도록 강요하는 수업이 아니라 단순한 작품이 더라도 그 작품을 통해 창의적이고 재미있는 아이디어를 표현하면 충분하다고 생각한다.

 **공압기를 대체할 수 있는 아이디어가 있다면 무엇이 있을까? 공압기와 같이 어려운 도구로 작품을 만드는 것이 중요하다고 생각하는가?**

A: 공압기를 사용한 이유는 간단하다. 자동으로 물을 줄 수 있는 제어시스템을 구현하기 위해서 만들었다. 사실 공압기에서 활용된 공기 압력 개념은 과학에서도 어려운 개념이라고 생각한다. 그래서 이론 중심의 수업보다는 체험 중심의 만들기 수업으로 운영하였다.

공압기를 대체할 수 있는 방법은 다양하다. 자동으로 물을 줄 수 있는 제어시스템을 다른 만들기 작품으로 대체하면 된다. 공압기를 사용하지 않는다면 도화지나 우드락으로 입체적인 작품을 만들고 아이들이 말 또는 글로 설명하면 충분하다. 만약 모터를 이용하여 표현한다면 모터가 주기적으로 돌아가도록 코딩하고 모터가 돌아가는 동안 물을 주는 것이라고 설명하면 충분하다.

계획 없이 공압기와 같이 어려운 도구를 가르치면 안 된다고 생각한다. 공압기는 수업을 위한 단순히 교구 중의 하나라고 생각한다. 단순하고 쉬운 교구일수록 좋은 교구라고 생각한다.

교구보다 중요한 것은 아이들이 어떤 작품을 만들려고 하는지 아이들의 생각을 직접 들어보고 아이디어를 존중해줘야 하는 것이다. 지금 아이들이 아이디어를 코딩이나 피지컬 교구로 표현하지 못한다고 해서 노벨 엔지니어링을 할 수 없는 것이 아니다. 아이들이 나중에 코딩을 깊이 있게 배우고 과학적인 상식이 풍부해진다면 더 업그레이드 된 노벨 작품을 만들 수 있다. 중요한 것은 아이디어라고 생각한다. 아이들이 볼품없는 작품을 만들더라도 가치 있고 창의적인 아이디어를 다양하게 담을 수 있도록 안내하는 것이 가장 중요하다.

## 벽돌집이 최고라고?
# 내가 직접 집을 지어보고 이야기를 다시 써주겠어!

### ✔ [아기 돼지 삼형제] 프로젝트 이야기

 2016년부터 마인크래프트를 활용한 융합 수업을 통해 주지교과(수학, 사회, 과학, 미술)의 성취기준을 달성할 수 있는 수업을 진행하고 있었다. 수학이나 사회 교과와 달리 국어 교과에 적합한 마인크래프트 수업을 찾지 못해서 고민하고 있을 때, 노벨 엔지니어링을 알게 되었다. 이 방식은 책이나 이야기를 읽고 엔지니어링 활동을 할 수 있어서 국어 교과에 매우 적합했다. 또한 이야기를 바꾸어 쓰는 부분도 마음에 들었다. 어떤 이야기로 정할까 고민하던 중, 28명의 학생들이 똑같은 책을 읽는 것이 쉽지 않을 것 같아 이미 모두가 알고 있는 익숙한 아기 돼지 삼형제 이야기로 시작했다. 마침 국어 교과서 [11. 문학 작품을 새롭게] 단원에서 5-6차시가 [다른 이의 관점에서 이야기 바꾸어 쓰기]였고 7-8차시가 [좋아하는 이야기를 다른 관점으로 바꾸어 '새롭게 쓴 이야기책 만들기']였다. 학습목표 및 성취기준에도 부합하기 때문에 바로 수업에 적용할 수 있었다. 부족한 차시는 창의적 체험활동 시간과 미술 표현활동 시간을 통합하여 프로젝트 수업을 계획하였다. 그동안 학생들과 마인크래프트 수업을 다양한 교과수업에서 충분히 경험했기 때문에 학생들이 아기 돼지 삼형제 각각의 관점에서 집을 지어보는 활동은 잘할 것이라는 믿음이 있었다. 하지만 이야기를 읽고 문제를 찾아내는 것이나 결과를 도출하는 과정, 이야기를 다시 재구성하는 과정은 교사도 학생도 처음이었기에 떨리고도 설레는 마음으로 프로젝트를 진행하게 되었다.

### ① 노벨 엔지니어링 준비하기 (수업 전)

**가. 이런 프로젝트를 할 수 있어요**

| 책 읽기를 통해 | 엔지니어링 활동을 통해 |
|---|---|
| • 고정관념 뒤집기<br>• 공감<br>• 새로운 문제점 찾기<br>• 다른 면으로 생각하기 | • 소통<br>• 마인크래프트<br>• ICT교육<br>• 생각한대로 표현하고 실천하는 SW교육 |

## 나. 프로젝트 관련 성취기준

- [6국01-07] 상대가 처한 상황을 이해하고 공감하며 듣는 태도를 지닌다.
- [6미01-01] 이미지를 활용하여 자신의 생각과 느낌을 전달할 수 있다.
- [6미02-02] 다양한 발상방법으로 아이디어를 발전시킬 수 있다.
- 6학년 2학기 국어 11단원 문학 작품을 새롭게
   5-6차시 다른 이의 관점에서 이야기 바꾸어 쓰기
   7-8차시 좋아하는 이야기를 다른 관점으로 바꾸어 '새롭게 쓴 이야기책 만들기'

이 프로젝트에서 가장 중요하게 생각했던 부분은 상대방의 입장에서 생각하는 관점 즉 '역지사지'의 마음이었다. 반에서 종종 친구들끼리 싸움이 일어나곤 했는데 당사자들의 이야기를 들어보면 다툼의 원인은 상대방의 입장을 고려하지 않은 경우가 많았다. 노벨 엔지니어링 활동을 통해 그들 스스로 깨달음을 얻을 수 있길 바랐다.

이야기만 읽었을 때는 학생들이 등장인물의 마음을 파악하기 어려울 수 있다. 하지만 집을 직접 지어보면서 본인이 그 인물이 된 것처럼 공감할 수 있다고 판단했다. 또 친구의 집을 직접 들어가보고 체험해보며 '나라면 이렇게 집을 지었을 텐데'라고 생각할 수 있도록 하여 다양하고 창의적인 사고를 유도하고 싶었다.

## 다. 이런 변화를 원해요

- 이야기를 깊이 읽어보고 평소에 알았던 아기 돼지 삼형제와 다른 내용 찾을 수 있는가?
- 집을 만들 재료(짚, 나무, 돌)의 특징과 효과를 알고 있는가?
- 스스로 아기 돼지 삼형제가 겪는 문제를 찾아내고 문제라고 생각한 이유를 찾을 수 있는가?
- 아기 돼지들의 고민을 해결할 수 있는 해결책을 구조물로 만들고, 그런 구조물을 만들게 된 이유를 구체적으로 설명할 수 있는가?
- 늑대의 입장도 생각해보고 늑대를 변호할 수 있는가?
- 이야기를 새롭게 바꿔 쓰고 새롭게 쓴 이야기의 줄거리를 말할 수 있는가?

## 라. 이렇게 준비해 보세요.

마인크래프트 에듀케이션 에디션 다운
(http://education.minecraft.net)

교육용 O365계정 생성
(http://www.microsoft.com/ko-kr/education)의 구입방법 메뉴 참고

마인크래프트 조종법

1) 이동 : 위 w 아래 s 왼쪽 a 오른쪽 d

2) 스페이스 바 : 점프-하강(두번연속), 위로 올라가기

3) shift : 허리 숙이기, 내려가기, 카트와 배 말에서 내리기

4) Esc : 취소, 설정

5) Q : 버리기, E : 인벤토리 열기

마우스 좌 : 공격, 파괴 // 우: 설치, 사용 // 휠 : 선택

마인크래프트 에듀케이션 버전을 다운받기 위해선 인터넷 홈페이지(http://education.minecraft.net)에 접속해야 한다. 위쪽 support 창을 눌러 다운로드를 받고 설치를 시작한다. 설치가 완료되면 마인크래프트 에듀케이션 프로그램을 실행하면 되는데 이 때 교사와 학생의 아이디 및 비밀번호가 필요하다. 마인크래프트 아이디를 만들기 위해선 Office365 학교 도메인을 생성하고 인증을 받아야 한다. 교육용 오피스 365 계정을 무료로 생성하기 위해선 한국마이크로소프트 교육팀 메일(team@microsoft-edu.com)로 지역, 학교, 교사 이름을 전달한 후 안내를 받는다.

마인크래프트로 하는 수업이 처음이라면 픽셀아트 같은 간단한 수업을 먼저 해보는 것이 좋다. 그러나 학생들 중 대부분은 이미 마인크래프트 사용법을 알고 있다. 혹시 마인크래프트의 사용법을 모르는 학생이 있다면 잘 알고 있는 학생에게 간단한 사용법을 가르쳐주는 일대일 지도를 통해 또래교수법 학습을 시킬 수 있다

## 마. 준비하는 팁

- 학교 도메인을 통한 교육용 O365계정을 만들 땐 무료 계정을 신청한 후 마이크로소프트에 직접 연락하여 미리 마인크래프트 에듀케이션 에디션 아이디를 만들어둔다.

- 학생들 중에서는 마인크래프트를 잘 다루는 학생이 많으므로 또래선생님으로 선정하여 그들의 도움을 받는다.

- 친구와 함께 만들어도 좋다고 안내한다. 학생들끼리 협력해서 만들면 만드는 과정에서 처음에 생각하지 못했던 부분까지 다양하게 생각할 수 있기 때문에 더욱 좋다.

## 2 노벨 엔지니어링 활동하기(수업 중)

### ✔ 수업 흐름 한 눈에 보기

**한 걸음: 이미 알고 있는 이야기를 다시 한 번 정성들여 읽어보기**
- [아기 돼지 삼형제] 책을 실감나게 읽고 처음 중간 끝으로 나눠 질문하며 읽어봅시다.

**두 걸음: 문제를 찾고 어려움을 함께 느껴보기**
- 내가 만약에 첫째, 둘째, 셋째라면 어땠을 지 생각해 봅시다. 풀로만/나무로만/벽돌로만 집을 지을 때 좋은 점은 무엇일 지 생각해 봅시다. 또 삼형제가 집을 만들며 답답하고 힘든 점은 무엇이었을지 생각해 봅시다.

**세 걸음: 주인공이 처한 문제 찾기**
- 첫째, 둘째가 처한 문제는 무엇인지 생각해보고 셋째가 만든 집은 좋은 점만 있을지 생각해 봅시다.

**네 걸음: 문제해결방법 찾기**
- 직접 집을 지어보면서 삼형제의 기분을 느끼고 우리의 상상력으로 문제를 해결해 봅시다.

**다섯 걸음: 발표하고 피드백으로 개선하기**
- 친구의 집에서 아쉬운 점을 알려주고 다시 바꾸어 봅시다.

**여섯 걸음: 이야기 바꾸기**
- 본인이 첫째/둘째/셋째였다면 문제를 어떻게 해결할지 생각하며 이야기를 바꾸어 봅시다.

### 가. 책 읽기

[초등학교 3,4학년] 출판사: 씨드북

작가: 제이콥스(원작)

[줄거리] 아기돼지 삼형제가 길을 떠나 각자 집을 짓기로 한다. 첫째는 짚으로, 둘째는 나무로 집을 빨리 지은 뒤 놀았지만 셋째는 시간이 걸리더라도 묵묵히 벽돌로 집을 짓는다. 이 때 갑자기 늑대가 쳐들어왔다. 늑대는 첫째가 만든 집은 바람으로, 둘째가 만든 집은 힘으로 무너뜨리지만 셋째가 만든 집은 무너뜨릴 수 없었다. 첫째와 둘째는 셋째가 만든 집에서 행복하게 살았다.

'아기 돼지 삼형제'는 학생들 모두가 알고 있는 유명한 이야기이기 때문에 학생들이 다시 책을 읽는 방법도 다양하다. 교실에서 학생들과 이야기를 즐길 수 있는 방법을 소개한다.

우선 각자 마음에 드는 책을 골라 읽는 방법이 있다. '아기 돼지 삼형제'라는 이름을 가진 책은 정말 많이 존재한다. 학생들에게 다양한 '아기 돼지 삼형제' 중 자신이 마음에 드는 이야기를 선택하여 읽도록 했다. 이 때 자신이 읽은 책의 표지를 찍어오게 하면 누가 무슨 책을 읽었는지 쉽게 구별할 수 있다. 같은 이야기를 다른 책으로 읽으면서 다르게 묘사된 부분을 친구와 공유하면 한 권을 돌려 읽었을 때와는 또 다른 재미를 느낄 수 있었다.

또 교사가 구연동화를 하며 실감나게 읽어주는 방법이 있다. 직접 실행해보니 이미 알고 있는 이야기라도 교사가 구연동화를 해주면, 저학년뿐 아니라 고학년 아이들도 정말 재미있어 했다. 선생님의 목소리와 흉내에 즉각적인 반응이 뒤따라왔다. 교사의 구연 뒤에는 같은 이야기를 친구들끼리 돌려 읽으며 구연동화 활동을 했다.

마지막으로 '아기 돼지 삼형제' 동영상을 함께 시청하는 방법도 있다. 학생들이 머릿 속으로만 그려보며 읽었던 이야기를 직접 볼 수 있어서 등장인물의 말과 행동이 생각과는 어떻게 다른지 비교해 볼 수 있다.

참고 : 주니어 네이버(https://jr.naver.com/s/classic_story/view?contentsNo=33505)
키즈캐슬 동화뮤지컬 아기돼지 삼형제 -
유튜브(https://www.youtube.com/watch?v=1Ns6TTTrIXk)

## 나. 공감하고 문제 찾기

직소(Jigsaw)수업모형을 도입하기 전 학생들이 고민하는 모습

학생들이 자신의 생각을 구체적이고 다양하게 이야기할 수 있도록 직소(Jigsaw)수업모형을 도입했다. 우선 4모둠으로 학생들을 나누고 모둠 내에서 각각 첫째, 둘째, 셋째로 역할을 구분했다. 이후 만약 내가 삼형제 중 첫/둘/셋째라면 어떻게 집을 지을지 구상하도록 했다. 혼자서 생각할 때는 다양한 생각이 떠오르지 않아 스트레스 받는 학생들이 많았다.

## 다. 공학적 문제 해결 방법 찾기

직소(Jigsaw)방식을 도입하여 같은 그룹끼리 의견을 공유하는 모습

이후 직소(Jigsaw)방식을 도입했다. 첫째는 첫째끼리 모이는 방식으로 같은 그룹끼리 모여 각자가 생각한 집 짓는 방법을 이야기해보도록 했다. 서로 집을 어떻게 지을지 본인이 구상한 집의 특징과 구상을 이야기하다보니 학생들의 생각이 활발해지고 의견을 나누다가 색다른 아이디어가 나오기도 했다.

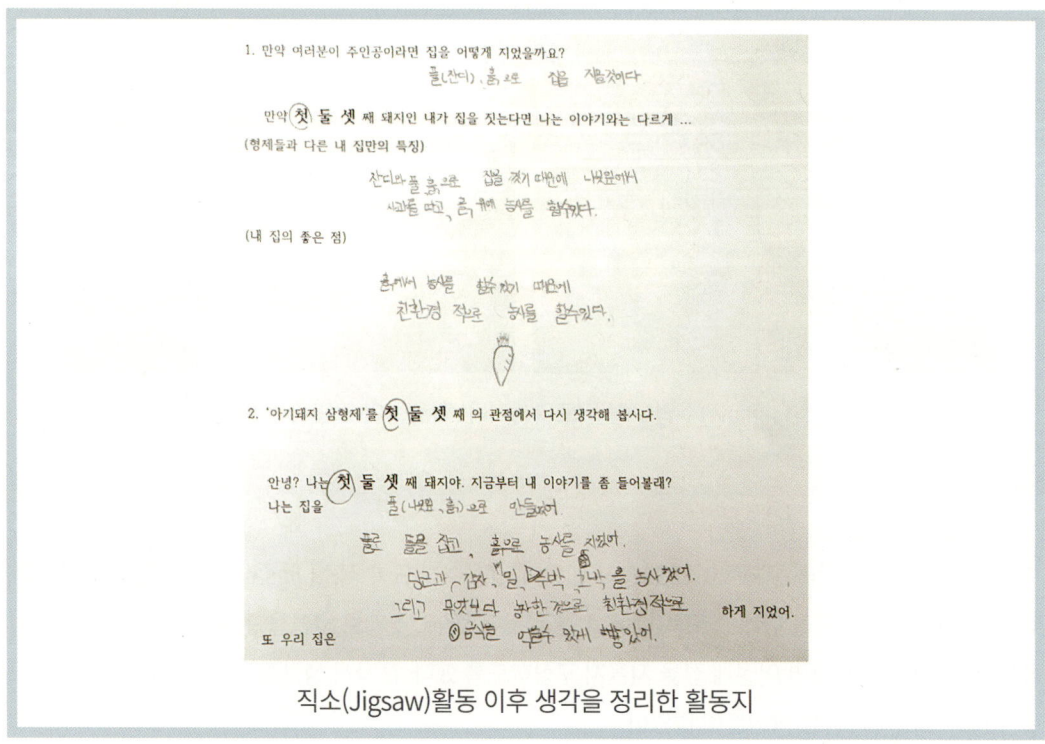

직소(Jigsaw)활동 이후 생각을 정리한 활동지

155

마인크래프트로 짓기 전 구상한 집의 모습

마인크래프트로 짓기 전 구상한 집의 모습

　마인크래프트로 집을 짓기 전 학생이 구상한 내용이다. 이야기 속 '첫째'가 되어 흙과 짚으로 만든 집을 지을 계획을 세웠다. 흙과 나뭇잎으로 된 집은 풀 계단으로 오고 갈 수 있도록 이층집을 구상하였으며 집 안에 잔디를 깔아 놀 공간까지 계획하였다. 이후 컴퓨터실에서 마인크래프트를 통해 학생들이 구상한 집을 실제로 지어볼 수 있도록 하였다.

## 라. 피드백

친구의 발표를 듣는 모습

 집을 다 만든 뒤 친구들에게 발표하며 그 발표를 듣는 시간을 가졌다. 이 때 친구와 함께 집을 지은 팀은 다 같이 발표할 수 있도록 했다. 학생들은 본인이 직접 만든 집을 친구들에게 소개할 수 있다는 생각이 들었는지 처음으로 반 전체가 발표를 실시했다. 앉아있는 학생 역시 평소에 친구의 발표를 들을 때보다 훨씬 집중하며 들었다.

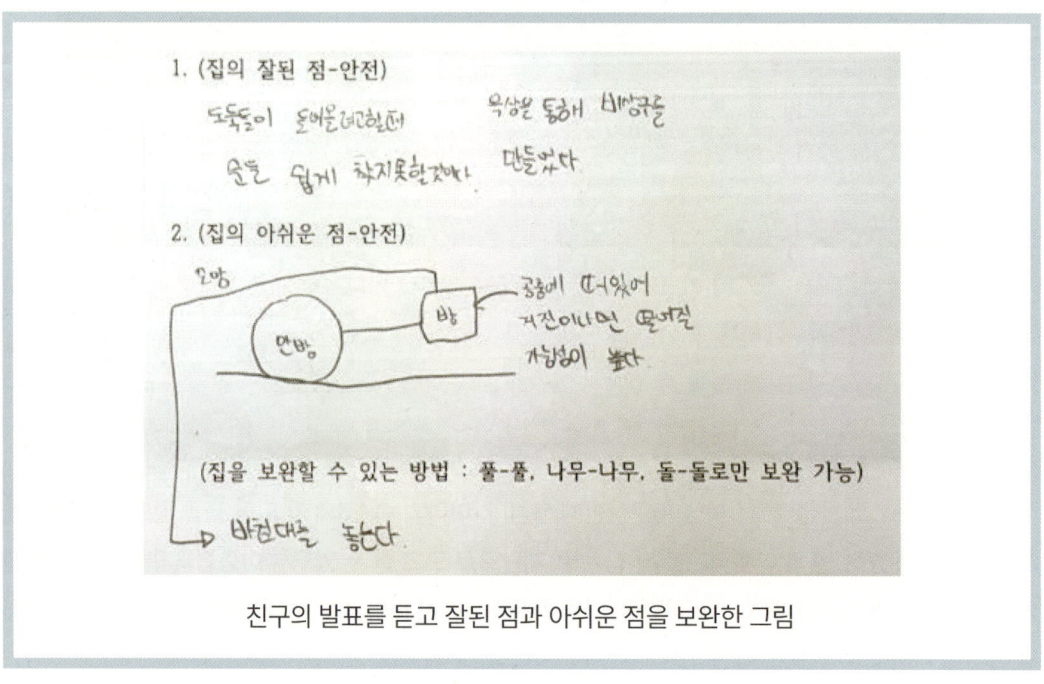

친구의 발표를 듣고 잘된 점과 아쉬운 점을 보완한 그림

친구의 집을 직접 탐험해 본 뒤 집의 잘된 점과 개선하고 싶은 점을 찾아보도록 했다. 첫째 집을 살펴보니 잘 된 점은 늑대가 들어오려 할 때 문을 쉽게 찾지 못하게 한 점, 혹시 늑대가 들어와도 옥상으로 탈출할 비상구를 만들었다는 점이었다. 아쉬운 점은 방이 공중에 떠 있어서 지진이나 태풍에 약하다는 부분을 지적했다. 그 보완점으로는 든든한 받침공간을 추가로 건축하면 될 것 같다는 의견이 나왔다.

친구의 의견을 듣고 유리 지붕을 설치한 첫째의 집

풀로만 만든 집이라 보안에 취약하다는 친구의 의견을 듣고 개량한 집의 모습이다. 안전을 위해 집 앞 정원도 유리로 만든 지붕을 지었으며 동시에 정원 안 식물들이 태양빛을 쬐는데도 부족함이 없도록 했다. 집 아래 지하실을 만들었으며 그 안에도 또 집을 지은 이중 보안을 통해 풀로 만든 집이라도 안전한 생활이 가능하도록 개선하였다.

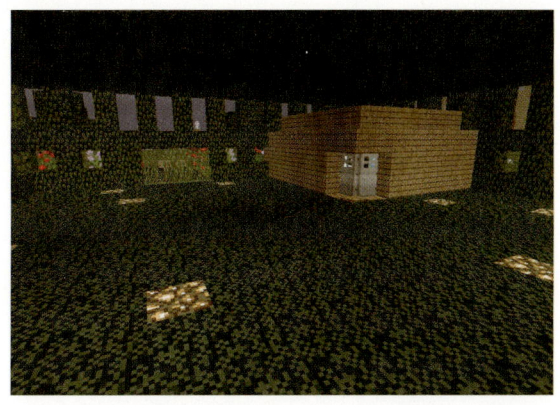

친구의 의견을 듣고 지하실 속에서 이중보안이 가능한 집

친구의 집을 탐험하고 조언하는 모습

개선 작업이 끝난 후 바로 긴 글로 이야기 바꿔 쓰기를 시작하면 학생들이 막막해 하는 경우가 많다. 이럴 경우 마인크래프트 속 친구 집에 직접 들어가 보고 느낀 점을 나누기 활동을 하면 글을 쓰기 시작하는 데 부담이 적어지며 글의 흐름도 부드러워진다. 친구의 집 팻말에 댓글로 좋은 점과 아쉬운 점을 적고 함께 나누어보는 것도 가능하다. 친구의 말을 듣고 바뀐 집의 모습과 바꾸기 전 집을 들어가서 체험해보고 이야기를 해보는 방법도 있다.

**마. 이야기 바꿔쓰기**

지금까지 했던 Minecraft 활동을 바탕으로 이야기의 관점을 바꾸어 나만의 "아기 돼지 3형제"를 만들어 봅시다.

아기 돼지 삼형제

어느 한적한 숲속 아기 돼지 삼형제와 엄마가 한집에 살고 있었어요. 어느 날 엄마 돼지가 말했어요. "이제 너희도 다 컸으니 각자 집을 지어 살아라." 아기 돼지 삼형제는 놀랐지만 다음날 집에서 짐을 챙겨 집을 나섰어요.

먼저, 첫째 돼지는 집을 짓는것 보다 노는게 좋았어요.
"나는 쉬운 재료 자기가 쉬어" 첫째 돼지는 풀로 (m) 집을 지었어요. 대충 짓겠다고 한 첫째 돼지는 역시 풀로 집을 짓기 어려웠어요. 몇시간 뒤 첫째 돼지는 집을 완성 했어요.
그다음, 둘째 돼지는 풀 집짓는 첫째돼지를 보고 생각했어요.
"나는 첫째형 보다 더 튼튼하게 지어야겠어." 둘째 돼지는 나무로 만 집을 지었어요. 둘째돼지는 금방하게 집을 짓고 첫째형과 놀았어요.
마지막으로, 셋째 돼지는 첫째 둘째 형을 보고...
"나는 아주 넓고 튼튼하게 첫째,둘째 형보다 더 튼튼하게..."
벽돌로 집을 지었어요.

몇칠 뒤, 아주 행복하게 집에서 살고있던 아기 돼지 삼형제 에게
'안전보수공사'에 다니고 있는 늑대 가 찾아 왔어요. "안녕하세요. 저는 안전 보수 공사 회사에 다니고 있는 늑대 입니다. 댁의 집이 안전한지 테스트를 하러 왔습니다." 아기 돼지 삼형제는 흔쾌히 허락 했어요.

늑대는 10명의 시험관들을 데리고 갔어요. 먼저, 첫째 돼지의 집을 둘러보고 말했어요. "허우러지먼 풀이 단단하지 않아서 쉽게 빠져나올수 있겠어요."
"그렇군, 풀(♠)로 만 집을 지어서 집등(⚙,◎◎)가 쉽게 망치기 쉬운것 같아요." 첫째돼지는 잘 몰랐어요.
그다음, 둘째 돼지의 집을 둘러보았어요. 늑대가 말했어요. "나무로 만 집을 지어서 혼자서 위험성이 있을것 같군."

다시 쓰는 아기 돼지 삼형제 이야기

# 3 노벨 엔지니어링 돌아보기 (수업 후)

## 가. 수업에서 성장 찾기

수업을 통해 어떤 성장(발전)이 이루어졌는지 살펴보면 프로젝트 초반 학생들에게 안내했던 평가 기준에 비추어보게 되었다. 프로젝트를 통해 학생들은 과연 어떤 성장을 보여주었을까?

- 이야기를 깊이 읽어보고 평소에 알았던 아기 돼지 삼형제와 다른 내용 찾을 수 있는가?
- 집을 만들 재료(짚, 나무, 돌)의 특징과 효과를 알고 있는가?
- 스스로 아기 돼지 삼형제가 겪는 문제를 찾아내고 문제라고 생각한 이유를 찾을 수 있는가?
- 아기 돼지들의 고민을 해결할 수 있는 해결책을 구조물로 만들고, 그런 구조물을 만들게 된 이유를 구체적으로 설명할 수 있는가?
- 늑대의 입장도 생각해보고 늑대를 변호할 수 있는가?
- 이야기를 새롭게 바꿔 쓰고 새롭게 쓴 이야기의 줄거리를 말할 수 있는가?

학생들은 이야기를 깊게 읽는 활동을 통해 평소 아기 돼지 삼형제를 읽었을 때는 생각하지 못했던 부분을 찾을 수 있었다. 박OO학생의 경우는 삼형제가 왜 기존 살던 집을 떠나야만 했는지를 생각하여 다음과 같이 이야기를 꾸며보았다.

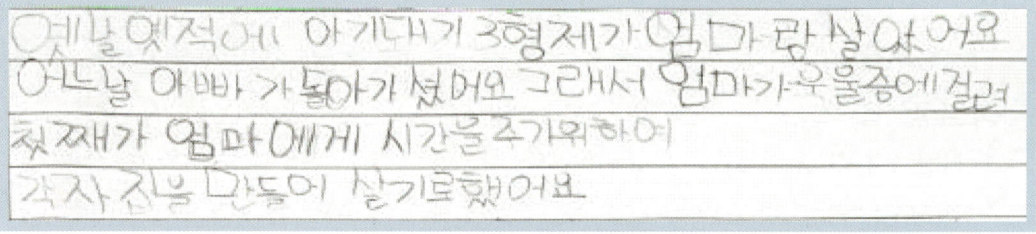

삼형제가 집을 떠난 이유

그동안 아기 돼지 삼형제를 읽으며 한 번도 생각해보지 않았던 부분이었다. 이 부분에 대해 돌아가신 아빠, 우울증에 걸린 엄마에게 위로의 시간을 주기 위해 각자 집을 만들기로 했다는 점이 매우 참신했다. 또 조OO학생 외 2명은 첫째 둘째 셋째의 이야기를 각각의 관점에서 하나의 이야기 속에서 써보는 방법을 시도하기도 했다.

이야기 하나에서 드러나는 첫째 둘째 셋째의 관점

김○○학생은 늑대의 관점에서 이야기를 재구성했다. 삼형제의 집을 관찰한 뒤 각 재료의 특징 중 아쉬운 점을 보완하여 새로운 집을 만드는 늑대의 이야기였다.

늑대의 관점과 재료의 특징이 보이는 김○○학생의 글

평소 글을 쓰는 국어 시간에는 아예 한 줄도 못 쓰는 학생도 있었고 무슨 내용을 써야 할지 막막하다고 느끼는 학생이 많았다. 하지만 노벨 엔지니어링 이후 활동한 내용을 중심으로 이야기를 재구성해보니 왜 그런 집을 만들었는지 경험한 내용을 생각하며 이야기를 작성하는 학생을 볼 수 있었다. 또 자신이 재구성한 이야기를 쉬는 시간에도 친구에게 알려주고 싶어 하는 학생도 많았고 친구의 이야기를 돌려 읽으며 교사가 기대하지 않았던 이야기의 피드백도 나타났다.

## 나. 수업을 돌아보며

'아기 돼지 삼형제' 이야기는 6학년 학생들 모두가 알고 있는 이야기입니다. 그렇기 때문에 수업을 시작하기 전에는 오히려 학생들이 새로운 이야기를 창작하는데 방해가 될 것이라고 생각했었습니다. 그러나 막상 수업을 시작해보니 예상과 달랐습니다. 학생들은 본인이 게임 속에서 직접 첫째 둘째 셋째가 되어 보니 자신들이 알고 있던 것과 다른 느낌이 들었다고 말했습니다. 그 과정에서 왜 삼형제는 떠나야만 했는지 고민한 학생도 있었으며, 짚으로만 집을 짓는 것이 이야기처럼 쉽지 않았다는 학생도 있었습니다.

처음 직소(Jigsaw)과정에서 본인이 미처 생각하지 못한 것들을 친구와 나누며 새로운 아이디어를 낼 수 있었다고 답한 학생도 있었습니다. 또 친구의 집을 들어가보는 활동을 통해 '나라면 그렇게 집을 짓지 않았을 텐데'라는 생각이 자신의 집에 영향을 주기도 하였고 친구의 조언이 더욱 멋진 집을 만드는 데도 도움을 주었다고 했습니다.

학생들의 활동을 지켜보니 마인크래프트로 집을 짓는 과정은 그 자체만으로도 학생들에게 더욱 창의적인 생각을 가져다주었습니다. 집을 지으면서 새로운 아이디어가 생각났다고 답하는 학생도 많았으며 친구와 집을 지으며 서로의 생각을 공유하는 과정에서 또 다른 생각이 떠올랐다고 답하는 학생도 있었습니다.

마지막으로 글을 재구성하는 활동에도 학생들은 적극적이었습니다. 자신이 체험해 본 활동과 관련하여 글을 적는 활동이라 생각하고 그들은 더 신나게 자신만의 이야기를 만들어갔습니다. 학생들의 이야기에는 다양하고 재미있는 아이디어가 많이 나왔으며, 학생들은 친구들에게 발표를 하고 친구의 발표를 듣는 것까지 적극적이었습니다.

## 다. 궁금? 궁금!!!(Q&A)

 **사례에서 제시한 계정이 아닌 다른 방법으로 마인크래프트 수업을 할 수 있나요?**
A: 마인크래프트 계정 및 에디션은 크게 세 가지 종류가 있습니다.
 우선 본문에서 소개해 드린 마인크래프트 에듀케이션 에디션 계정이 있습니다. O365를 통해 선생님들 누구나 사용가능하지만 횟수가 20번으로 제한됩니다. 만약 횟수가 초과될 경우 아이디를 다시 만들어야하는 번거로움이 있습니다. 이런 제한 없이 이용하기 위해서는 계정당 1년 이용료를 5달러 정도에 구입해야 합니다.
 다음 윈도우10용 마인크래프트 계정이 있습니다. 이 에디션은 계정을 구입하는 데 종종 1000원 대라는 저렴한 가격에 풀리는 장점이 있습니다. 하지만 학생들과 함께 하나의 세계에 모이는 데 제약이 있고 터치가 되는 윈도우10버전이기 때문에 활동에 제약이 있습니다. 또 한 아이디 당 XBOX Live계정도 같이 만들어야 친구와 함께 활동하는 것이 가능합니다.
 마지막으로 마인크래프트 Java버전 계정이 있습니다. 가장 많은 사람들이 이용하고 있는 계정이며 학생들이 집에서 마인크래프트를 해 봤다고 할 경우 이 계정을 구입하여 게임하는 경우가 많습니다. 다양한 사람들의 모드(Mod)를 이용하고 응용할 수 있으며 자신의 세계에 전세계 사람들을 초대할 수도 있습니다. 다만 한 계정당 3만원 이상의 비싼 가격이 부담될 수 있고, 학생들이 명령어나 치트키를 많이 알고 있어서 학생들을 통제할 방법이 에듀케이션 에디션에 비해 부족합니다.

 **마인크래프트를 패드로 하는 학생들도 많던데 활용방법이 있을까요?**
A: 앞에서 설명해드린 윈도우10 마인크래프트의 경우 Microsoft Store에서 태블릿으로 다운받아서 계정을 구입한 뒤 실행할 수 있습니다. 패드를 활용하는 방법은 컴퓨터에 비해 실행공간이 자유로운 장점이 있지만, 터치로 실행하다보니 많은 블록으로 건물을 세우는 것이 조금 어렵습니다.

 **마인크래프트가 아닌 다른 게임으로 수업을 할 수도 있나요?**
A: 게임을 통해 수업하는 게임 기반 학습(Game Based Learning)중에서 코듀(Codu)를 통해서도 수업할 수 있습니다. 단 코듀는 학생들이 알고 있지 못하는 경우가 많아 시작부터 차근차근 지도하는 것이 필요할 수 있습니다

자고 일어났더니 눈이 없어졌어요.
# 눈이 녹지 않게 해주세요!!

## ✔ [눈 오는 날] 프로젝트 이야기

　수업을 하다보면 교과서의 활용 방법을 항상 고민하게 된다. 교사가 학생들을 지도하는 데 교과서의 도움을 받을 때도 있지만, 여러 가지 상황에 맞게 교과서를 재구성을 해야 할 경우도 있다. 본 교사는 5학년 1학기 과학 '온도와 열' 단원을 노벨 엔지니어링을 활용한 수업으로 재구성하면 좋겠다는 생각이 들었다.
　5학년 1학기 과학교과서에서는 단원에서 학습한 내용을 단원 정리 단계에 활용하여 보온병을 만들어보도록 안내한다. 하지만 학생들은 뜨거운 물의 온도를 유지하는 것보다 얼음을 녹지 않도록 지키는 데 더 흥미를 느낄 것 같았다. 또한 교사가 학생들에게 정해진 활동을 제시하는 것보다 인지적 갈등을 일으킬 수 있는 문제 상황을 던지면 학생들의 동기를 더 유발할 수 있을 것 같았다. 그렇지만 교사가 '학생들이 현실에서 얼음이 녹지 않도록 하는 갈등 상황을 찾아 제시하는 것'이 어려웠다.
　마침 예전에 읽은 『눈 오는 날』이라는 책 속에서, 책의 주인공이 눈이 녹아 슬퍼하는 장면이 떠올랐다. 이를 노벨 엔지니어링 프로젝트를 이용하여 이야기 속 문제 상황을 학생들에게 간접적으로 제공할 수 있을 것 같았다. 그래서 과학 '온도와 열' 단원 학습 후 이 책을 함께 읽으며 우리 반 학생들에게 책의 주인공 피터의 어려움을 제시하기로 했다. 그러면 우리 반 학생들은 피터의 문제를 학습했던 내용을 바탕으로 슬기롭게 해결할 것이라는 생각이 들었다.
　프로젝트를 시작하며 평소 학생들이 알던 과학적 지식을 활용하면 좋겠다는 기대와 함께, 과학적인 호기심이 부족한 학생들의 모습 또한 걱정이 되었다. 프로젝트에 참여하는 동안 학생들이 과학적 지식을 많이 사용하는 것 보단, 학생들이 배운 것을 친구들과 협력하여 조금이나마 활용하면 좋겠다는 바람으로 프로젝트를 시작해보기로 했다. 학생들이 자신을 책 속의 주인공에 투영하는 경험을 통해 배움의 기쁨을 느끼기를 바라며 프로젝트를 시작하였다.

## 1 노벨 엔지니어링 준비하기 (수업 전)

### 가. 이런 프로젝트를 할 수 있어요

**책 읽기를 통해**
- 눈이 왔을 때 경험 한 것 나누기
- 주인공 감정 파악

**엔지니어링 활동을 통해**
- 과학 5학년 1학기 '온도와 열' 단원 연계 활동
- 열의 이동
- 단열재의 역할과 기능
- 보냉병 만들기
- 메이커 교육

### 나. 프로젝트 관련 성취기준

- [6실05-04] 다양한 재료를 활용하여 창의적인 제품을 구상하고 제작한다.
- [6과01-02] 온도가 다른 두 물체를 접촉하여 온도가 같아지는 현상을 관찰하고 물체의 온도 변화를 열의 이동으로 설명할 수 있다.
- [6과01-03] 고체 물질의 종류에 따라 열이 전도되는 빠르기를 관찰을 통해 비교하고 일상생활에서 단열을 이용하는 예를 조사할 수 있다.

이 프로젝트의 핵심은 학습한 성취기준을 바탕으로 이야기에서 발견한 문제를 해결하는 '문제 해결력'이다. 본 수업자는 학생들에게 문제 상황을 이야기를 통해 제시하고, 학생들이 문제를 해결하는 경험을 하도록 하고 싶었다. 이 문제를 해결하기 위해 학생들은 과학시간에 학습한 온도의 개념과 열의 이동을 이해하고 적용한다. 일상생활에서 단열을 이용한 예를 활용하여 학습한 내용을 심화한다. 또한 학생들은 친구들과 협력하여 문제 해결 도구를 창의적으로 구상하고 제작한다.

## 다. 이런 변화를 원해요

- 주인공의 눈이 녹지 않도록 온도와 열의 이동을 이해하고 적용하기
- 눈이 녹지 않는 제품을 과학적으로 설계하고 만들기
- 그림책을 읽고 주인공의 감정을 파악하고 공감하기

## 라. 이렇게 준비해 보세요.

보온병 만들기 재료
(출처: 다음 팁)

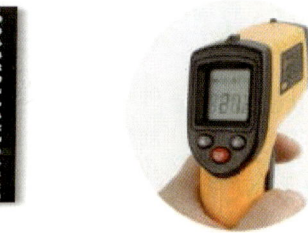

온도 측정을 위한 온도계
(출처: 한진과학)

---

 수업을 설계할 때 보냉병 만들기 재료는 교사가 일괄 제공하지 않고, 학생들이 협의하여 준비하도록 했다. 학생들은 '온도와 열' 단원에서 학습한 내용을 바탕으로 협의과정에서 열의 이동을 막는 단열재라는 단어를 생각해내고, 자신들의 보냉병을 만드는 데 필요한 재료들을 정했다. 겨울에 실내 단열을 높이기 위해 창문에 붙이는 '단열시트지', 열의 이동을 막는 공기층을 만들기 위한 솜 등의 단열재를 재료로 선택했다.
 학생들이 설계한 보냉병의 성능을 얼음의 녹는 정도를 통해 측정할 수 있으나, 수치화된 데이터를 얻기 위해서 온도계를 사용하는 것이 좋다. 사용 가능한 온도계에는 센서를 이용한 디지털 온도, 적외선으로 바로 측정이 가능한 적외선 온도계, 보냉병 안에 넣어 놓고 외부에서 볼 수 있는 액정온도계 등이 있다. 온도계를 이용하면 시간에 따라 보냉병의 온도를 측정하여 보냉 성능을 정확하게 알 수 있다.

### 마. 준비하는 팁

- 보냉병을 만들기 위한 재료를 학생들이 협의를 통해 결정하도록 하면 창의적으로 만들 수 있다.
- 온도계를 이용하면 보냉병의 성능을 수치로 정확하게 측정할 수 있다.
- 3D 프린터를 이용해 보냉병 용기를 디자인하는 3D 프린터 활용 메이커 교육으로 프로젝트를 확장할 수 있다.

## 2 노벨 엔지니어링 활동하기 (수업 중)

### ✔ 수업 흐름 한 눈에 보기

#### 한 걸음: 정성들여 책을 읽어보기
- 『눈 오는 날』 책의 그림만 보며 이야기를 상상해보고, 주인공의 감정을 생각하며 글과 함께 다시 읽어봅시다.

#### 두 걸음: 문제를 찾고 어려움에 대해 함께 느껴보기
- 피터가 가장 기분이 좋지 않았을 때는 언제이고 그 감정을 느끼게 된 이유를 생각해봅시다.

#### 세 걸음: 문제 해결방법 찾기
- 피터가 가져온 눈이 다음날까지 녹지 않도록 보냉병을 만들어봅시다.

#### 네 걸음: 발표하고 피드백으로 개선하기
- 만든 보냉병을 발표하고 보냉 성능이 더 좋도록 개선해봅시다.

#### 다섯 걸음: 이야기 바꾸기
- 피터가 스스로 문제를 해결할 수 있도록 프로젝트를 설명하는 편지를 써봅시다.

## 가. 책 읽기

[초등학교 5학년] 출판사: 비룡소
글: 에즈라 잭 키츠  그림: 에즈라 잭 키츠  옮김: 김소희

[줄거리] 주인공 피터는 밖에 눈이 오자 신나게 뛰어나간다. 눈으로 가득 찬 세상에서 눈사람도 만들고 미끄럼틀도 타고 논다. 눈이 너무 좋아 내일도 눈을 가지고 놀기위해 주머니에 눈을 가져오기도 한다. 이 책을 통해 아이들이 눈이 왔을 때 느끼는 감정을 알 수 있다.

『눈 오는 날』 주인공 피터가 한 일에 관한 이야기가 글과 그림으로 어우러진 그림책이다. 글을 읽기 전에 그림만 한 장 한 장 보여주며 이야기가 어떤 상황인지, 주인공의 감정은 어떨지 이야기를 나누어 보았다. 책에는 눈이 왔을 때 주인공이 노는 모습들이 그려져 있는데, 장면마다 학생들이 자신도 주인공과 비슷한 경험이 있는지, 어떻게 놀았는지 이야기를 나누었다. 그림으로 책을 먼저 읽은 뒤, 글과 함께 학생들과 이야기를 한 번 더 읽었다. 글과 그림을 함께 보니 학생들이 이야기의 내용과 주인공의 감정을 더 잘 이해하는 것 같았다.

학생들은 그림과 글을 통해 주인공인 피터의 감정을 파악하였다. 각 장면마다 피터의 감정이 좋은 상면과 나쁜 장면을 분류하고 그 이유를 학생들과 이야기를 나누었다. 이 과정에서 학생들은 주인공 피터의 행복한 감정과 우울한 감정에 공감하는 모습을 보였다.

## 나. 공감하고 문제 찾기

**Novel Engineering 학습지**

1. '눈 오는 날' 중 피터의 입장에서 마주한 문제들이 무엇인지 적어봅시다.
   ▷ 눈싸움
   ▷ 주머니 속에 있는 눈이 녹았다.
   ▷ 눈이 다 겉은 녹았다
   ▷ 눈길동에서 넣기 계속빠진다.
   ▷
   ▷

2. 여러 문제상황들 중 피터의 입장에서 가장 해결이 필요하다고 생각되는 문제 상황을 하나를 고르세요.

   ▶ 주머니 속에 있는 눈이 녹았다.

등장인물이 겪고 있는 어려움을 주인공의 감정에 공감하며 찾아보기

 학생들은 분류한 장면 중 주인공 피터의 기분이 나쁜 장면과 기분이 좋지 않은 이유를 찾아보았다. 학생들은 피터에게 문제가 생겼기 때문에 기분이 나쁘다고 생각했고, 그 장면에서 문제를 추출하였다. 학생들은 피터가 눈을 너무 소중히 여겨 주머니에 넣었는데 녹은 장면을 가장 공감하였다. 이 장면에서 학생들은 과학시간에 온도와 열에 대해 학습한 경험을 떠올리며 주머니에 넣어 둔 눈이 녹지 않도록 도와주고 싶어 했다.

## 다. 공학적 문제 해결 방법 찾기

**1.** 피터가 마주한 문제상황을 해결하기 위한 계획을 다시 한 번 세워 봅시다.

▶ 모둠이 선정한 문제상황
 - 눈덩이가 죽은것

▶ 문제상황 해결을 위해 선택한 방법
 - 본래면 건든다

▶ 문제상황 해결을 위해 필요한 재료  (탄제면...)
 - 호일, 작은컵, 리본, 에어캡, 솜, 수건, 스안~~종~~
   ×× 희유희은

▶ 해결방법을 그림으로 그리며 구체화해봅시다.

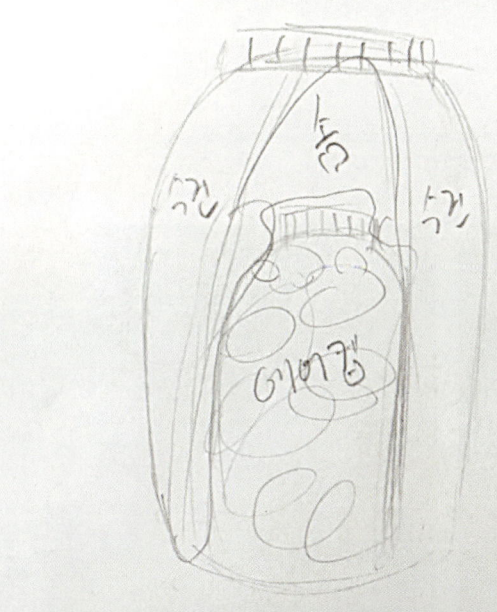

보냉병 만드는 계획 및 설계 구체화하기

학생들은 주인공이 주머니에 눈을 넣은 다음날 눈이 녹아 슬퍼하는 문제 상황을 해결하기 위한 방법을 탐색했다. 가장 먼저 브레인스토밍을 통해 눈이 녹지 않도록 보호하는 다양한 방법을 생각해보았다. 눈이 녹지 않게 냉동실에 넣자, 에어컨을 틀어주자, 저녁에 옷을 집 밖에 걸어두자 등 눈이 녹지 않도록 하는 여러 아이디어가 나왔다. 하지만 학생들이 공학적으로 주인공의 문제를 해결하는 경험을 하는 방향으로 프로젝트를 이끌기 위해, 문제 해결 방법을 선택하는 단계에서 교사의 적절한 개입이 필요했다. 교사는 학생들에게 너희가 정한 해결 방법을 직접 만들어 볼 것이고, 만든 제품을 주인공 피터에게 편지로 설명해 줄 것이라고 안내했다. 교사의 설명을 고려하여 학생들은 공학적으로 주인공에게 직접 만들어 줄 수 있는 눈이 녹지 않는 장치를 고민하다 '보냉병'을 생각해냈다.

학생들은 눈이 녹지 않도록 보호해주는 보냉병을 만들기 위해 어떤 준비물(재료)이 필요할지 어떤 과정으로 진행할지 모둠별로 협의하였다. 재료를 선정하는 과정에서 한 학생은 열의 이동을 막기 위해 '단열재'를 사용하자는 말을 꺼내었다. 학생들은 열의 이동을 막는 단열 기능을 가진 다양한 재료를 검색하였다. 다양한 단열재를 조사하고 나열한 뒤 보냉병을 만들 때 도움이 되는지, 구할 수 있는지, 모둠의 계획에 적합한지 등을 고민하여 협의를 통해 재료를 선택했다. 더 나아가 보냉병을 만드는 과정을 그림으로 표현하여 만드는 순서를 구체화하였다. 학생들의 협의 과정을 보며 교사가 보냉병을 만드는 데 필요한 재료를 제공하고 만드는 방법을 전달했다면, 이런 협의 과정과 결과가 나왔을까라는 생각이 들었다. 문제를 해결하려는 의지를 가진 학생들이 창의적으로 사고하고 협의하는 모습에서 배움이 일어남을 느낄 수 있었다.

재료 이용하여 설계한 보냉병 만들기

학생들은 모둠별로 정한 재료를 이용하여 처음 수립했던 계획대로 보냉병을 만들었다. 그러나 모둠에서 보냉병을 만들며 계획과는 다르게 재료가 더해지거나 빠지기도 하고 만드는 과정이 수정되기도 했다. 준비한 재료로 보냉병을 만들며 책 속의 피터에게 이 보냉병을 보내주고 싶다는 이야기가 자연스럽게 나왔다. 교사는 모둠을 돌아보며 스티로폼을 작게 부숴 넣으면 좋을지, 크게 넣으면 좋을지 등 학생들이 생각해볼 만한 질문을 던져 심사숙고하며 보냉병을 만들도록 도왔다. 학생들은 모둠별 특색을 살려 피터를 도울 수 있는 보냉병을 완성하였다.

## 라. 발표 및 피드백

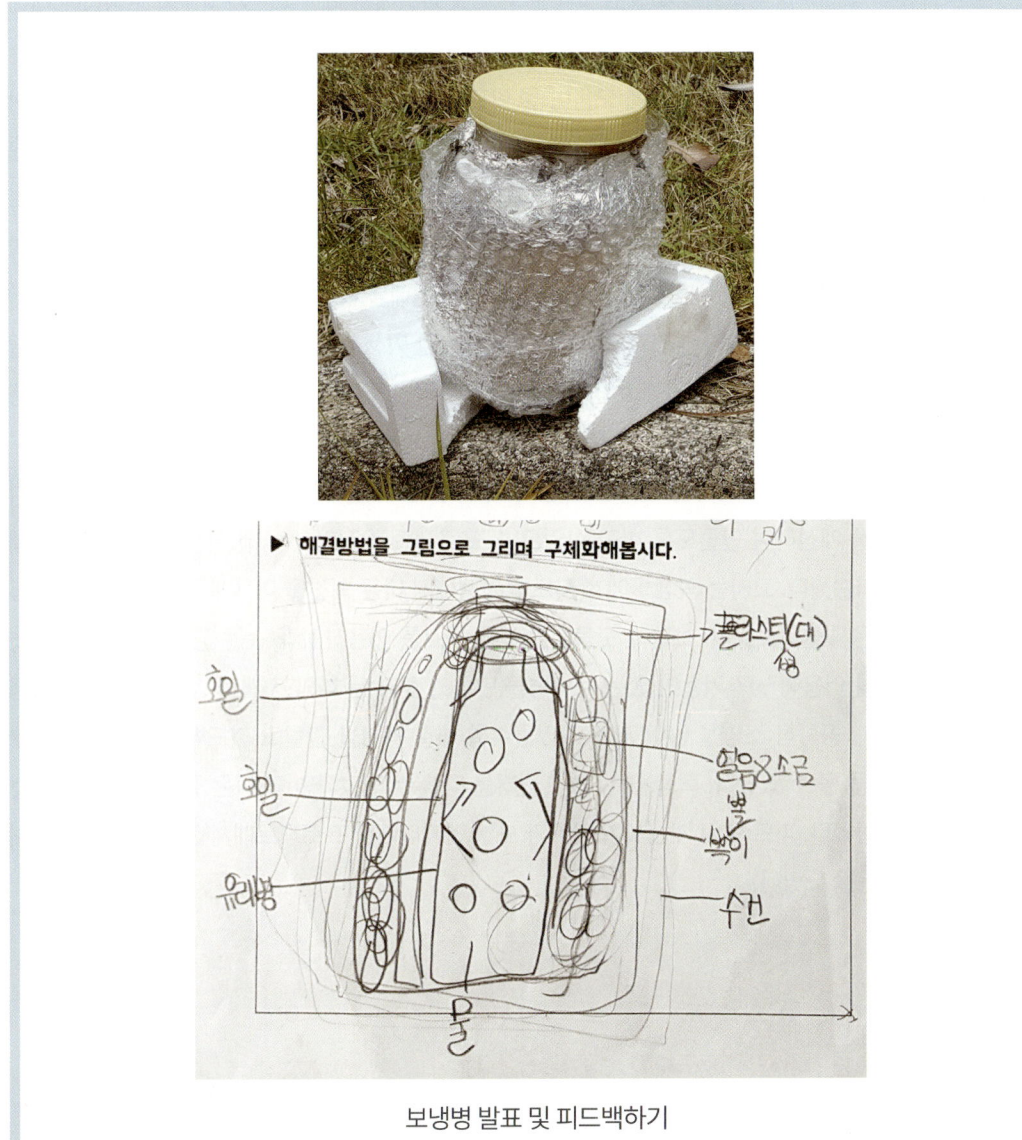

보냉병 발표 및 피드백하기

학생들이 만든 보냉병이 보냉 기능을 가지고 있는지 얼음을 넣어 실험해보았다. 실험 과정에서 보냉병 안에 액정온도계를 넣어 내부의 온도를 측정하고자 했으나, 보냉병 구조상 외부에서 내부를 관측할 수 없어 액정온도계로는 보냉병 내부의 온도를 측정할 수 없었다. 학생들은 온도의 변화를 측정하기보다는 얼음의 크기에 더 관심을 보였고, 얼음의 크기 변화가 궁금해 계속 보냉병을 열어 실험이 제대로 이루어지지 않았다. 만약 외부 센서가 장착된 전자온도계가 있다면 센서를 보냉병 내부에 넣어 보냉병 내부의 온도 변화를 측정할 수 있었을 것이란 아쉬움이 남았다. 전자온도계로 내부의 온도 변화를 측정했다면 보냉병의 보냉 기능을 수치화하여 확인할 수 있었을 것이다.

모둠별 실험 후 교실에 모여 자신들이 보냉병을 만드는 과정을 설명하고, 실험 결과에 대하여 발표하였다. 발표시 모둠별로 보냉병을 만드는 데 사용한 재료와 그 재료를 선정한 이유를 설명했다. 또한 보냉병을 만드는 과정을 설명하고 보냉병의 특징도 발표했다. 발표 과정에서 학생들은 자신들의 보냉병에 대해 정리할 수 있었고, 다른 모둠의 발표를 들으며 자신들의 보냉병과 비교하며 장단점을 파악했다.

발표를 마치고 학생들로부터 각 모둠에게 도움이 될 만한 질문이나 조언을 하도록 했다. 포스트잇을 이용하여 발표를 듣고 가진 질문이나 의견을 적어 작품에 붙여주었다. 모둠별 보냉병에 붙은 포스트잇은 전체 활동으로 같이 읽으며 질문에 대한 대답을 듣고 의견에 대한 생각을 공유했다. 피드백 과정에서 보냉병의 얼음이 학생들이 계획한 것보다 금방 녹아 아쉬움이 있었는데, 이를 개선할 방법에 대해 묻고 의견을 나눴다. 외부의 공기를 차단하는 것이 부족한 것 같으니 밀폐를 확실히 하고 얼음이 든 내부 용기와 외부의 공기를 차단하는 층을 단단히 하자는 의견이 있었다. 한 학생은 얼음에 소금을 뿌리면 얼음이 빨리 녹으며 주변의 열을 뺏는 것을 적용해 보냉병을 만들자는 의견을 내기도 하였다. 학생들이 만든 보냉병이 예쁘지 않아 디자인 측면에서 더 예쁘게 만들면 좋겠다는 의견도 나왔다.

피드백을 바탕으로 더 나은 보냉병을 만드는 방향에 대하여 이야기를 나누었다. 학생들이 나눈 이야기를 고민해 보냉병을 개선하여 만들도록 하고 싶었으나, 프로젝트를 진행하는 데 시수가 부족하여 실제 진행하지는 못해 아쉬웠다. 교사는 학생들에게 피드백 과정에서 나온 의견을 이용해 보냉병을 어떤 방향으로 개선하고 싶은지 물어보았다. 보냉에 도움되는 다른 재료를 이용하겠다, 눈을 담을 내부 용기를 더 밀폐하겠다, 냉매를 이용해 냉각기능이 있는 보냉병을 만들고 싶다 등 다양한 개선 방안이 나왔다. 학생들이 과학적 지식과 공학적 소양을 많이 가지고 있을수록 해결 방법을 만들고 피드백하고 개선하는 데 큰 도움이 되는 것을 볼 수 있었다. 학생들이 3D 프린터를 다룰 수 있었다면 더 나은 결과물이 나왔을 것 같다는 아쉬움도 들었다. 피드백 및 개선하기 단계가 노벨 엔지니어링 프로젝트에서 문제를 심화해서 해결하는 장점이 있음을 느꼈다.

## 마. 이야기 바꿔 쓰기

주인공에게 우리가 만든 보냉병 설명하는 편지쓰기

 학생들은 노벨 엔지니어링 프로젝트를 통해 책에서 간접적으로 경험한 문제 상황을 공학적인 방법으로 해결했다. 학생들은 주인공에게 편지를 쓰며 자신의 공학적인 해결 방법과 그 과정을 정리하였다. 교사가 학생들이 글을 쓸 때 프로젝트에서 만든 제품, 필요한 재료, 만드는 방법, 제품 사용법 등을 쓰도록 안내하면 본 프로젝트가 잘 드러나는 글을 쓸 수 있으며 이 과정에서 배움의 유용성을 깨달을 수 있다. 또한 책을 읽으며 공감한 주인공의 어려움을 내가 해결해줄 수 있다는 성공 경험으로 학습 의욕을 높일 수 있다.

노벨 엔지니어링 중 글쓰기 과정은 학생들의 글쓰기 능력 향상에 도움이 된다. 평소 글을 쓰면 짧게 쓰거나 글 쓸 내용을 몰라 어려움을 겪는 반 학생들이 자신의 실제 경험을 통해 글을 쓰니, 글 쓸 '재료'가 있다고 말하는 것이 놀라웠다. 평소 글을 쓸 때 생각을 끄집어내는 것을 어려워했지만, 프로젝트의 경험을 글에 담으니 쉽게 느끼는 것 같았다. 더불어 학생들은 모둠에서 한 공학적 과정을 편지글에 담으며 학습을 정리하고, 그 과정에서 교사는 의도한 성취기준들이 도달되었는지도 확인할 수 있었다.

## ③ 노벨 엔지니어링 돌아보기 (수업 후)

### 가. 수업에서 성장 찾기

수업을 통해 어떤 성장(발전)이 이루어졌는지 살펴보면 프로젝트 초반 학생들에게 안내했던 평가 기준에 비추어보게 되었다. 프로젝트를 통해 학생들은 과연 어떤 성장을 보여주었을까?

- 그림책을 읽고 주인공의 감정을 파악하고 공감하였는가?
- 주인공의 눈이 녹지 않도록 온도와 열의 이동을 이해하고 적용하는가?
- 주인공이 가져온 눈이 녹지 않도록 보냉병을 공학적으로 설계하고 만들었는가?

교사는 이 수업 과정에서 학생들이 책을 읽고 주인공의 감정에 공감하는지, 책 속의 주인공이 처한 문제 상황을 해결하기 위해 과학 교과에서 배운 내용을 이해하고 적용하는지, 문제 해결 과정에서 보냉병을 공학적으로 설계하고 만드는지를 평가하고자 하였다. ○○학생은 과학 수업시간에 적극적으로 참여하지만 학습에 대해 부담을 가지고 부정적으로 생각하는 학생이었다. 이 학생은 본 프로젝트에 참여하며 '제가 배운 것이 누군가에게 도움이 될 수도 있다는 생각이 들었다'며 배움을 내면화하였고 학습에 대한 긍정적인 태도가 함양되었다.

○○학생은 과학 수업을 하면서 학습 내용을 잘 이해하고 있었지만, 이 수업에서 열의 이동을 차단하기 위한 방법을 묻고 답하는 과정에서 보다 더 심화된 학습이 일어남을 보았다. 교사가 자세히 지도해주는 것보다 학생들이 자신의 배움을 설명하는 과정에서 배움이 심화되고 정리되는 모습을 볼 수 있었다.

○○학생은 피터에게 편지를 쓰는 과정에서 교사가 의도한 것들이 모두 담기지는 않았다. 하지만 글을 쓰는 내용이 평소에 비해서 훨씬 풍부해졌다. 또 편지를 쓰며 머뭇거리는 모습을 볼 때 모둠 활동에 적극적으로 참여하지 못하였고 학습 내용을 활용하는 데 소극적이었다는 것을 볼 수 있었다. 그러나 자신이 이해한 내용을 편지로 옮길 때 친구에게 함께한 활동을 물어보고 적으며 생각하는 모습이 대견했다.

## 나. 수업을 돌아보며

 이 프로젝트 수업자로서 학생들에게 이야기를 통한 간접경험에서 문제 상황을 직면하게 하고, 그 문제를 해결하기 위해 과학 수업 시간에 학습한 것들을 활용하는 모습이 만족스러웠다. 학습한 내용을 실제 삶과 연관지어 배움이 일어나게 하는 것을 노벨 엔지니어링이라는 프로젝트를 통해 학생들이 경험할 수 있어 뿌듯했다.
 보냉병을 만드는 과정에서 학생들이 과학적 상식, 공학적 소양, 메이커 경험이 부족하여 교사가 원하는 것보다 결과물이 부족한 점은 아쉬웠다. 3D 프린터를 활용하여 학생들이 보냉병을 직접 디자인 하는 과정이 포함되었으면 하는 아쉬움도 있다. 하지만 피드백 과정에서 본인들이 만든 보냉병에 대하여 보충하고자 노력하는 모습에서 과학적 소통과 문제 해결력을 볼 수 있었다. 시간이 충분하다면 계속하여 개선해나가는 장기 프로젝트로 운영했으면 좋았겠다는 생각도 든다.

### 다. 궁금? 궁금!!!(Q&A)

 **눈이 녹지 않도록 하는데 보냉병 이외에 다른 방법으로 문제를 해결하는 방법은 없었나요?**
A: 눈이 녹지 않도록 학생들이 생각한 아이디어는 다양했다. 어떤 학생들은 눈을 소중히 보관할 수 있는 미니 냉장고를 생각했다. 피터가 행복하도록 하기 위해 눈이나 얼음을 만드는 장치를 생각한 학생도 있었다. 그러나 지도한 학생들의 수준이나 과학적 지식, 공학적 소양 등을 고려했을 때 보냉병이 적절했다. 하지만 미니 냉장고나 제빙기를 직접 만드는 데 충분한 과학적 지식이나 공학적 소양이 있다면 이 책을 활용한 또 다른 노벨 엔지니어링 수업을 진행할 수 있으리라 생각한다.

 **학생들이 책을 읽고 선택한 다른 문제 상황도 있었나요??**
A: 책의 내용 중 피터가 눈에 발이 빠져 걷기 어려워하는 장면, 눈싸움하는 장면에서 주인공이 어려워하는 감정을 읽고 문제 상황으로 설정한 친구도 있었다. 피터가 눈에 발이 빠져 어려워하는 장면을 보고는 노벨 엔지니어링 프로젝트와 별개로 개인적으로 눈에 빠지지 않는 신발을 만든 친구도 있었다. 자신이 직접 눈에 발이 빠지지 않는 신발인 '설피'를 찾아보고 그 원리를 교사에게 물어보았다. 그리고 남는 실내화를 이용하여 직접 설피를 만들어보고, 학교 씨름장 모래를 이용해 발이 빠지는 것을 확인해보기도 했다. 이런 모습을 통해 노벨 엔지니어링 프로젝트가 학생들이 문제를 직접 해결해보고자 하는 동기를 부여하는 장점이 있음을 다시 한 번 느꼈다.

## 참고문헌

[1] Design and Engineering Workshops, https://outreach.tuftsceeo.org

[2] Researches of Novel Engineering in CEEO, https://www.novelengineering.org/research/

[3] Institute for School Partnership in University of St.Louis, https://schoolpartnership.wustl.edu/tag/novel-engineering/

[4] Novel Engineering official website, https://www.novelengineering.org

[5] 엄태건, 홍기천(2019), Novel Engineering을 적용한 마인크래프트 활용 국어과 융합수업, (사)한국정보교육학회 발표논문집, 10권 1호.

[6] 조영상, 홍기천(2018), 장애이해교육을 바탕으로 노벨 엔지니어링을 활용한 문제해결력 신장교육, (사)한국정보교육학회 발표논문집, 9권 1호.

[7] 이우진, 홍기천(2018), Novel Engineering을 활용한 메이커교육 수업방안, (사)한국정보교육학회 발표논문집, 9권 2호.

[8] 엄태건, 홍기천(2018), Novel Engineering을 적용한 국어교과 융합수업 방안, (사)한국정보교육학회 발표논문집, 9권 1호.

[9] 강방용, 홍기천(2018), Novel Engineering을 적용한 2학년 통합교과 융합수업 방안, (사)한국정보교육학회 발표논문집, 9권 2호.

[10] 조민석, 홍기천(2018), Novel Engineering을 적용한 6학년 사회교과 융합수업 방안, (사)한국정보교육학회 발표논문집, 9권 1호.

[11] 유준희, 홍기천(2018), Novel Engineering을 적용한 3학년 과학, 국어, 미술교과 융합수업 방안, (사)한국정보교육학회 발표논문집, 9권 2호.

[12] 조민석, 홍기천(2018), Novel Engineering을 적용한 5학년 과학 및 국어교과 융합수업 방안, (사)한국정보교육학회 발표논문집, 9권 2호.

[13] 홍기천(2017). Computational Thinking 함양을 위한 Novel Engineering의 외국사례, (사)한국정보교육학회 발표 논문집, 8권 1호.

[14] 홍기천(2016). Novel Engineering과 Computational Thinking. (사)한국정보교육학회 논문지 7권 2호.

[15] Ki-Cheon Hong(2018), A case study of Novel Engineering in Elementary School, International Conference on Future Information & Communication Engineering, Vol.10, No.1.

[16] Ki-Cheon Hong(2018), An Introduction of Novel Engineering Integrating Literacy, STEAM and Robotics in Elementary Schools, An International Interdisciplinary Journal INFORMATION, Vol.21, No.1.

[17] Ki-Cheon Hong(2017), Novel Engineering: A novel way to integrate Computational Thinking into Liberal Arts, International Conference on Future Information & Communication Engineering, Vol.9, No.1.

[18] 교육부, 2015개정 교육과정.

[19] Mitchel Resnick(2017), Lifelong Kindergarten, MIT Press.

[20] 조현희, 정영철 옮김(2015), 비고츠키와 창의성: 놀이 의미 만들기, 예술에 대한 문화•역사적 접근, 한국문화사.

[21] 진보교육연구소(2015), 관계의 교육학 비고츠키, 살림터.

[22] Seymour Papert(1980), MINDSTORMS: Children, Computers, and Powerful Ideas, BASIC BOOKS.

[23] Friedrich Froebel, Google Wikipedia.

[24] 스크래치 공식 웹사이트, http://scratch.mit.edu

[25] Jeannette M. Wing(2006), Computational Thinking, Communications of ACM, Vol.49, No.3.

[26] 홍기천(2017), 독서+공학 '노벨 엔지니어링' 융합교육에 딱, 한국교육신문 뉴스.

**홍기천**  전주교육대학교 컴퓨터교육과 교수
관심분야: 소프트웨어교육, 노벨엔지니어링, 로봇교육

> 현직 교사들과의 열린 대화는 나에겐 정말 소중한 시간이다. 이는 나의 마음과 생각을 열도록 만드는 유일한 원동력이며, 우리 아이들이 정말 필요한 것이 무엇인지를 알도록 해준다. 노벨 엔지니어링도 이러한 과정의 산물이다. 교사의 무기는 '가르치는 사람이 변해야 아이들이 변한다'는 사실을 아는 것이며, 이는 교육의 시작이다.

**이우진**  전주교육지원청 초등교육과 전주완산발명교육센터 교사
관심분야: ICT 활용교육, SW교육, 발명교육

> 학생들이 책을 읽고 다른 사람의 입장을 헤아려 공동의 문제 해결에 함께 참여하려는 생각을 가졌으면 한다. 문제 해결하려는 과정에서 소소한 상상이 비범한 변화가 될 수 있음을 늘 잊지 않고 학생들의 이야기에 귀 기울이고 학생들의 눈높이로 학생들과 함께 나아가 무한한 상상력으로 세상과 소통하겠다.

**조영상**  산외초등학교 교사
관심분야: 학습 관리 시스템 (LMS), 플립그리드, ICT 활용교육, 클라우드 활용 교육

> 노벨 엔지니어링은 다양한 분야의 프로젝트들과 위화감 없이 잘 어울리는 수업이다. 책이 가진 인류가 동일하게 소유하는 메시지를 확장하여 기술이 가진 다른 사람을 돕고 편리함을 주기 위한 선한 영향력을 행사하는 일은 프로젝트의 방향을 잘 인도하여 인상적인 학습경험으로 만들어 줄 것이다.

**엄태건**  봉서초등학교 교사
관심분야: 마인크래프트 게임 기반 학습, ICT 활용교육

> 학생이 먼저 하고 싶어하는 수업, 그 과정이 즐거운 수업, 그 결과는 개인의 특성을 발현하는 교육을 하고 싶었다. 마인크래프트를 활용한 게임 기반 학습을 통해 꿈꿔왔던 수업에 도전하는 중이다. 그리고 노벨 엔지니어링 수업을 통해 그 꿈이 현실에 가까워지고 있다.

**유준희**  평화초등학교 교사
관심분야: 소프트웨어교육

학교에서 수업은 학생과 교사에게 중요한 소통의 장이라고 생각한다. 이 역할이 잘 이루어지는 수업을 만들기 위해 늘 고민하고 새로운 수업방안에 대해 연구하고 있다. 책과 공학, 두가지 요소를 가지고 교실 안에서 소통이 넘치는 교육, 학생과 교사가 행복한 교육을 만드는 데 앞장서겠다.

**조민석**  칠보초등학교 교사
관심분야: ICT 활용 교육 전반, 소프트웨어교육

교실에서 학생들에게 스스로 배움이 일어나는 수업을 하고 싶다. 아이들이 그 배움이 삶과 이어짐을 느껴 배움의 즐거움을 오래오래 느끼고 사랑하였으면 한다.

**강방용**  익산 용성초등학교 교사
관심분야: 드론활용 교육

교실에서 배운 학습이 남을 돕고 사회를 이롭게 할 수 있다는 성취감을 느끼게 하는 수업을 하고 싶었다. 우리 아이들이 마을과 지역사회를 변화하는 사람이 되었으면 한다.

**조민수**  부안 동초등학교 교사
관심분야: 소프트웨어 교육, LEGO 활용 메이커 교육

아이들이 미래를 상상하며 꿈을 꾸고 그 꿈을 배움을 통해 실현할 수 있게 하고 싶다. 아이들이 노벨 엔지니어링을 통해 자기만의 무한한 상상을 세상 속에 덧칠해서 아름다운 미래를 만들었으면 한다.

## 함께 할 수 있는
## Novel Engineering 참고사이트

### 1. 노벨 엔지니어링 코리아 카페

노벨 엔지니어링의 여러 가지 자료를 모아놓은 네이버 카페입니다.

수업에 필요한 노벨 엔지니어링에 대한 정보를 정리해 놓았습니다.

https://cafe.naver.com/novelengineering

---

### 2. 노벨 엔지니어링 코리아 페이스북 그룹

노벨 엔지니어링을 수업에 적용하는 전문 교육자들의 페이스북 커뮤니티입니다.
Novel Engineering을 수업에 적용하여 창의력을 촉진하는 교육자들의 살아있는 활동을 만나세요.

https://www.facebook.com/groups/1443062052474461

앞으로 NE를 적용하는 학생들의 사례를 모아서 볼 수 있는 플립그리드 커뮤니티입니다. 플립그리드 앱을 설치하면 내가 읽고 해결하고 싶은 문제에 대해 자신의 의견도 말할 수 있습니다.

https://flipgrid.com/4272c466

NE를 적용하는 선생님들의 수업사례를 모아서 볼 수 있는 플립그리드 커뮤니티입니다. 플립그리드 앱을 설치하면 선생님들 활동도 공유할 수 있습니다. 많은 참여 부탁드려요~

https://flipgrid.com/5188b3dd

**노벨 엔지니어링 - 독서와 공학의 만남!**

저자 : 노벨 엔지니어링 교육연구회
대표저자 : 홍기천 전주교육대학교 컴퓨터교육과 교수
참여교사 : 강방용 익산 용성초등학교 교사
　　　　　 엄태건 봉서초등학교 교사
　　　　　 유준희 평화초등학교 교사
　　　　　 이우진 전주교육지원청 초등교육과 전주완산발명교육센터 교사
　　　　　 조민석 칠보초등학교 교사
　　　　　 조민수 부안 동초등학교 교사
　　　　　 조영상 산외초등학교 교사
발행일 : 초판 발행 : 2019년 9월 9일
　　　　 2쇄 발행 : 2020년 9월 14일
발행자 : 남이준
발행처 : (주)퓨너스/서울시 금천구 가산디지털1로 168 B동 603,604호
전화 : 02-6959-9909
홈페이지/쇼핑몰 : www.funers.com

가격 : 12,000원
ISBN : 979-11-958595-6-6-13370


* 발행처의 허락 없이 무단 전재나 복사를 금합니다.
* 파본이나 낙장본은 당사로 연락 주시면 교환해 드립니다.